Ursula Koch

# *Edith Stein*

*Eine kleine, einfache Wahrheit sagen*

Biografischer Roman

Quellen

Die *kursiv* gesetzten Textabschnitte sind Zitate
aus Texten von Edith Stein und anderen Quellen.

Kapitel 6 enthält Ausschnitte aus der Autobiografie
„Das Leben der heiligen Theresia von Jesu –
auf Geheiß ihrer Beichtväter von ihr selbst beschrieben"
(übersetzt von Fr. Aloisius ab Immaculata Conceptione,
Verlag Friedrich Pustet, Wien 1919).

Kapitel 8 enthält den Brief Edith Steins an den Papst, der 2003
aus dem Archiv des Vatikans veröffentlicht wurde.

In Kapitel 10 handelt es sich um historische Dokumente.

1. Taschenbuchausgabe
3. Auflage 2014

© 2005 Brunnen Verlag Gießen
www.brunnen-verlag.de
Lektorat: Eva-Maria Busch
Umschlaggestaltung: Ralf Simon und Daniela Sprenger
Umschlagfoto: Edith-Stein-Archiv, Köln
Druck: CPI – Ebner und Spiegel, Ulm
ISBN 978-3-7655-4242-8

# *Inhalt*

| | |
|---|---|
| Wer war Edith Stein? | 5 |
| 1. KAPITEL: Die Mutter | 7 |
| 2. KAPITEL: Die Schwester | 19 |
| 3. KAPITEL: Der Freund | 37 |
| 4. KAPITEL: Die Mutter (2) | 51 |
| 5. KAPITEL: Der Freund (2) | 63 |
| 6. KAPITEL: Teresa von Avila | 79 |
| 7. KAPITEL: Die Hörerin | 91 |
| 8. KAPITEL: Der Kardinal | 101 |
| 9. KAPITEL: Die Schwester im Karmel | 109 |
| 10. KAPITEL: Der SS-Offizier | 133 |
| 11. KAPITEL: Die Frau | 143 |
| 12. KAPITEL: Schwester Benedicta vom Kreuz | 159 |
| Wer war Edith Stein? | 161 |
| ANHANG: | |
| Daten und Fakten | 163 |
| Personenverzeichnis | 169 |
| Literatur zum Weiterlesen | 175 |

## *Wer war Edith Stein?*

Die Einfahrt des Zuges: Stampfen, Kreischen von Bremsen, weißer Dampf in einen lichtblauen Abendhimmel.

Nirgendwo auf der Welt so viele Hunde, so viele Uniformen. Geschrei. Aufreißen der Türen.

Der Arzt an der Rampe sieht sofort die auffällige Tracht, unter dem schwarzen Schleier das Gesicht einer nicht mehr jungen Frau. Er weist mit dem Daumen nach links. Zwei Frauen neben ihr: die gleiche Richtung.

„Schnell!"

Hunde an der Seite.

„Ruth! Rosa!" Ihre Stimme klingt vielleicht ein wenig ruhiger als die der anderen inmitten des Geschreis.

„Kommt! Wie gut, dass wir zusammen sind."

Sie nimmt ein Kind an die Hand. Die Mutter – laut schreiend – wird in die andere Richtung gezerrt. Ihr Rufen verstummt unter Schlägen. Das Mädchen schaut die Frau an. In den weit aufgerissenen Augen spiegelt sich der Abendhimmel.

„Komm, komm, wir steigen auf den Lastwagen."

Das Kind hat keine Kraft mehr. Sie zieht es mit. Ihre Hand ist warm.

Wer war Edith Stein?

Eine von Millionen. Schwester Teresia Benedicta vom Kreuz.

Jüdin. Christin. Nonne.

Philosophin. Frauenrechtlerin.

Tochter, Schwester, Freundin.

Heilige?

# 1. Kapitel

Edith Stein wird am 12. Oktober 1891, dem jüdischen Versöhnungsfest, als siebtes und letztes Kind ihrer Eltern, Siegfried und Auguste Stein, geboren. Der Vater, ein wenig erfolgreicher Kaufmann, stirbt im Juli 1893. Mit großer Tüchtigkeit führt Auguste Stein das Holzgeschäft weiter und bringt es zu einigem Wohlstand. Dabei steht sie bis zu ihrem Tod 1936 im Mittelpunkt der vielköpfigen Familie.

Paul, Else und Arno Stein sind die drei ältesten Geschwister, es folgen Frieda und Rosa. Erna, die Zweitjüngste, steht Edith Stein am nächsten.

In Breslau verachten die gebildeten Juden den von der Frömmigkeit einfacher Menschen geprägten Katholizismus.

## *Die Mutter*

In sechs Tagen hat Gott die Welt erschaffen und am siebenten ruhte er. Sechs meiner Kinder haben überlebt, Gott hat sie mir geschenkt. Und ein siebentes.

Ich will von den Toten nicht reden, die kamen und gingen, ohne eine Spur zu hinterlassen auf dieser Welt – außer in meinem Herzen. Denn das Herz einer Mutter, auch wenn es unter vielen dicken Hemden schlägt, ist ein weiches Ding.

Aber das lebendige Kind, das siebente Kind, hat eine Spur der Verwüstung in mein Herz gedrückt.

Der Gott Abrahams, Isaaks und Jakobs, der mich, Auguste Stein in Breslau, gesegnet hat mit Reichtum und Gesundheit, der hat mir – wie dem Hiob – genommen, was meinem Herzen am nächsten war: die Jüngste.

Nein, nicht genommen. Sie hat sich abgewandt von uns und den Blick auf den Schandpfahl gerichtet, auf das Kreuz.

Als sie geboren wurde, war mein Leben ein Kampf. Ich arbeitete bis in die Nacht hinein, um Geld zu sparen, rechnete, fasste Entschlüsse und verwarf sie. Mein Mann, der Vater meiner Kinder, hat sich zu leicht verrechnet. Ich war froh, wenn er spät heimkam, ins Bett sank und nichts mehr fragte. Am Morgen sagte ich ihm: „Wir müssen um Aufschub bitten, erst wenn der Gastwirt die Kohlen bezahlt hat, können wir die nächste Rückzahlung leisten." Er brummelte etwas, war anderer Meinung, aber ich rechnete ihm vor, was herauskam, wenn wir uns nicht erst einmal holten, was uns zustand. Und ich schickte ihn zum Gastwirt. Dann wartete ich. Er wusste, dass ich schwanger war, aber auch das schien ihn wenig zu kümmern. Es wurde spät, und er brachte nur einen Teil des Geldes, dafür hatte er sich kräftig einschenken lassen. In mir spürte ich das Kind, wie ich sie alle gespürt habe. Es regte sich kräftig. Vielleicht kommt es mir nur so vor, heute, wo ich es verloren habe, vielleicht war es aber wirklich so: Dies Kind schien nie zu schlafen.

Wenn ich nachts die Augen schloss, sah ich vor mir Holz, Holz, Stapel von Holz, die über mich stürzten, über meine Kinder, über meinen Mann. Ich hörte die dumpfen Schläge, denn ich wusste, wie es klingt, wenn Holz aufeinander fällt, denn wir handelten mit Holz, mit Holz und mit Kohle, aber Kohle mochte ich nicht, das schmutzige Zeug aus der Tiefe der Erde. Wenn ich dann hochfuhr aus den ersten unruhigen Träumen, strampelte es in mir voller Lebenskraft und Lebenswillen. Der Mann neben mir brummte unwillig. „Es ist nichts", murmelte ich, „das Kind ist unruhig." Da richtete er sich auf, und mit ungewohnter Zärtlichkeit streichelte er über meinen Leib. Ich lag still und ließ es geschehen. Später, als ich allein schlief, immer allein, habe ich manchmal daran gedacht.

Aber dann kamen wieder die Zahlenkolonnen, fielen wie ein feindliches Heer über mich und trieben mich durch die unruhige Nacht bis ins Morgengrauen. Ich stand auf, weckte den Mann und die Kinder, hielt Ordnung im Haus und stritt mit der Wirtin. Sie wollte keine Juden im Haus, und wenn es schon sein musste, dann sollten sie wenigstens reich sein und nicht arm wie wir.

Dreimal schon umgezogen, dreimal alles aufgebaut und gehandelt und gescheitert: Gleiwitz, wo seine Mutter ihr Geschäft von einem Betrüger zu Grunde richten ließ (hätte sie doch nur auf mich gehört, aber sie hörte auf niemanden – wie ihr Sohn), Lublinitz, Breslau.

In Lublinitz hätte alles gut werden können. Aber er kaufte zu viel ein, und das Holz verfaulte, noch ehe sich ein Käufer fand. Meine Eltern halfen, aber sie ließen mich's spüren, dass ich einen geheiratet hatte, der zwar Kinder zeugen, aber kein Geschäft führen konnte. Sie quälten mich – die Brüder, die Schwestern, das Gerede, ihr Mitleid, wenn ich mal wieder ein paar selbst gezogene Gurken verkaufen musste ...

Die Kinder wuchsen heran, sollten die höhere Schule besuchen. Aber wo? Und wer bezahlte? Paul hielt es nicht aus bei den Verwandten in Kreuzburg, zu denen wir ihn schickten. Er besuchte zwar das Gymnasium, aber er wurde still und verschlossen, mein Ältester, mein Stolz. Wenn er nach Hause kam und ich ihn fragte: „Gefällt es dir?", dann sah er mich nicht an. War es das Heimweh? Oder war es der Scharlach, der ihn fast weggenommen hätte? Hat die Krankheit etwas an seinen Wurzeln zerstört, sodass dieser kleine Baum sich nie mehr zu voller Größe aufrichten konnte?

Hedwig, seine Schwester, ist mir gestorben, eins von vier Kindern, das Gott mir aus den Armen und aus dem Herzen riss. Was für ein wonniges Lachen hatte dieses Kind! Später schien mir manchmal, als hörte ich dieses Lachen wieder von der andern Tochter, der letzten – wenn sie denn lachte. Es war selten.

In Lublinitz starben mir zwei Kinder und vier wurden geboren. Ich trug sie alle, ohne zu klagen, Söhne und Töchter. Die jüngeren Söhne haben nicht überlebt. Warum? Warum die viele Not mit den Söhnen?, habe ich mich auch später oft gefragt. So viel Streit, so viel enttäuschte Hoffnung. Ja, auch bei den Töchtern, aber sie blieben mir, sie kehrten immer wieder zurück, sie litten und ich litt mit ihnen, wir stritten uns und wussten doch, dass nichts uns trennen konnte. Aber die Söhne ...

So klagte ich manchmal, damals, als ich noch nicht wusste, was eine Tochter ihrer Mutter antun kann.

In Lublinitz konnte nichts aus uns werden: sechs Kinder, ein paar Apfelbäume und Gurkenbeete, ein Holz- und Kohlehandel, der nichts einbrachte – das war alles. Also zogen wir nach Breslau. „Deine letzte Chance", sagte ich – nicht zu meinem Mann, sondern zu mir. Wenn er es jetzt nicht packt, müssen wir betteln gehen – oder ich muss den Handel führen wie seine Mutter, Johanna Stein, Simon Steins Witwe. Aber ich würde es besser machen, das wusste ich damals schon. Viel besser, denn kein Geschäftsführer mit kecken Augen und sorgfältig gebürstetem Schnurrbart würde mich betrügen. Hinauswerfen würde ich ihn, wenn er mit dem Spazierstock hereinstolziert käme und mir erzählen wollte, ich sollte krummes Holz bei einer schönen Müllerin kaufen, die es ihm wohl angetan hatte ... Einen Geschäftsführer kann man entlassen, aber einen Ehemann, dem man nach guter alter jüdischer Tradition unter dem Baldachin angetraut wurde, den konnte man nicht entlassen. Er legte ja nachts die Hand auf den Leib, der ihm gehörte, und strich zärtlich darüber, streichelte seine Frau und streichelte sein Kind. ... Er ahnte damals nicht, wen er streichelte.

Wie sollte er auch! Er wusste ja kaum etwas von seiner Frau, von ihren Tränen und Kämpfen, ihrer Verzweiflung, und dass es ihr oft schwer fiel, ihn zu ehren, wie es einer jüdischen Ehefrau geziemt. In mir fühlte ich so viel Kraft, und er saß oft am Tisch, den Kopf auf den Armen, verzweifelt, ratlos und dann wieder begeistert von einer Idee. „Wir ziehen nach Breslau", das war die letzte, die große Idee. Und ich gab ihm Recht und gab ihm noch eine Chance, denn – trotz allem – liebte ich ihn. Ich liebte ihn, wenn er sang. Er hatte eine wunderbare Stimme, und in der Synagoge hörte ich ihn immer aus dem Chor der Männer heraus. Dann wusste ich: Auch Gott hört ihn singen, und Gott ist zufrieden mit ihm, selbst wenn er ein glückloser kleiner Holzhändler ist mit vielen Kindern und wenig Geld.

Natürlich klagte ich nie über mein Los. Wem hätte ich es klagen sollen? Meiner Mutter, die ihr Leben lang die Hände gerührt hat, die Bücher des kleinen Ladens führte und am Ende noch ihren Geschwistern zu Brot und Einkommen verhalf? Sie hätte mir gesagt, was ich schon wusste: „Nimm's ihm aus der Hand. Du kannst es besser." Aber mein Siegfried, das war nicht der Vater mit seinem Humor, seinem fröhlichen Selbstbewusstsein. Mein Siegfried legte die Stirn in Falten und drohte: „Sei nicht wie meine Mutter!" Oder er verzog das Gesicht zum Weinen, als wäre er nicht der Vater, sondern einer von den kleinen Söhnen, die kein hartes Wort vertragen können. Nein, meine Mutter, meine kluge Mutter, hätte die feinen weißen Löckchen geschüttelt: „Auguste, du weißt doch …", hätte sie gesagt. Denn ihre Klugheit bestand darin, andere darauf hinzuweisen, was sie schon wussten. Ich wusste auch: Wir hatten noch eine Chance in Breslau, weit weg von den tüchtigen Eltern, allein mussten wir es schaffen, er und ich.

Paul und Else, die Ältesten, flüsterten manchmal. Sie sprachen über ihre Eltern, das war mir klar. Aber Pauls verschlossenes Gesicht lud mich nicht ein, ihn zu fragen: „Was glaubst du? Was sollen wir tun?" Und bei Else war ich sicher, dass sie mein Schicksal nicht wollte. Sie wollte nicht leiden unter der Last eines Haushalts, wollte nicht ständig ein Kind im Leib tragen. Sie wollte es anders – und besser.

Was muss eine Frau ertragen! Der Mann, der so zärtlich über meinen Leib gestrichen hatte, als ich mit der Jüngsten schwanger war, verließ mich, ging eines Morgens fort. Ich hielt das Kind auf dem Arm. Die Kleine wandte plötzlich den Kopf, als er schon den Hut aufgesetzt hatte und die Hand auf der Klinke lag. Sie rief ihm, halb schmollend, halb zärtlich ihr „Papa" nach und streckte die Ärmchen aus, als wollte sie ihn nicht gehen lassen. Warum gerade an jenem Morgen? Ich weiß es nicht. Der Herr, der alles sieht und weiß, mag es vor uns verborgen halten. Jedenfalls sah ich noch einmal sein hübsches Gesicht, lachend und mit einem zärtlichen Blick, nicht für mich, sondern für das Kind, und dann schloss sich die Tür.

Sie fanden ihn im Wald, am Wegrand, wie schlafend. Der Arzt, den der Briefträger gleich nach der Polizei benachrichtigte, meinte, es sei ein Hitzschlag gewesen. Er sei bei der großen Hitze des Julitages zu weit zu Fuß gegangen. Stirbt ein gesunder Mann, wenn er unter der Sonne zu Fuß geht? Ich konnte es nie glauben, aber es steht auf dem Totenschein: „Hitzschlag" und der Tag und die Stunde, in der dem Briefträger zum ersten Mal aufgefallen war, dass da einer lag, wie schlafend – und der gute Mann hatte natürlich nicht stören wollen.

Ich bin hingefahren, sie hatten den Leichnam in einem Keller liegen der Hitze wegen. Ich nahm die Decke von seinem Gesicht: Er war es. Und er trug keine Wunde. Jemand hatte die Augen zugedrückt, um den Mund lag noch etwas, was man als Lächeln deuten konnte, jungenhaft, verschmitzt – aber es war die Fratze des Todes, und wir stimmten mit allen Verwandten das Totengebet an, rühmten und lobten den, von dem Hanna sagte: „Er führt hinab zu den Toten und wieder herauf."

Wir begruben ihn auf unserem Friedhof weit draußen vor der Stadt. Ich lehrte die Kinder an seinem Grab zu beten – und wir nahmen oft den weiten Weg bis in die Lohe-Straße auf uns, wo die großen Friedhöfe beieinander liegen. Wenn wir das Tor durchschritten und rechts und links die vielen Grabsteine sahen, wurden die lauten Kinder still und andächtig. Die beiden Jüngsten fassten einander an den Händen oder hielten sich an meinem Rockzipfel fest. Ich zeigte ihnen Gräber und Grabmale voller Stolz, denn es gibt keinen schöneren Friedhof als den jüdischen. Am Grab ihres Vaters legten sie kleine Steine nieder, wie es Sitte ist, und wir beteten still. Dann seufzte ich manchmal bei dem Gedanken, wie lange es wohl noch dauern müsste, bis ich auch meine Ruhe an diesem stillen Ort finden würde.

Zu Hause brannten zwei Kerzen für den Vater. Immer. Wir haben ihn nie vergessen.

Natürlich waren bei der Beerdigung alle Verwandten dabei, jammerten und heulten mit uns, gaben viele gute Ratschläge und wussten genau, was ich zu tun hatte. Aber ich wusste es besser.

Ich kaufte das Holz aus dem Wald, den er besichtigt hatte, ließ die Stämme in der Holzschneidemühle zurechtschneiden und nahm den Handel in meine Hand. Die keifende Wirtin in der Kohlestraße verstummte aus Mitleid für ein paar Tage. Als sie wieder zu zanken begann, erklärte ich ihr, wir würden bald ausziehen. Ich wusste zwar noch nicht, wohin, aber ich war meiner Sache sicher. Zwar hatte ich nie gelernt, die Bücher zu führen, wusste auch noch nicht, welche Sorte Holz welchem Zweck diente, aber ich konnte mit den Menschen reden, die mein Holz brauchten, und sie zahlten und wussten, dass ich ihnen nichts vormachte. Als ich den letzten Pfennig Schulden bezahlt hatte, kündigte ich der Wirtin und wir zogen aus, meine sieben Kinder und ich – erst ein Stück weiter in die Schießwerderstraße, dann in die Jägerstraße. Viel mehr Platz hatten wir da zwar auch noch nicht, aber einen vernünftigen Hauswirt. Und der Holzplatz lag gleich um die Ecke.

Natürlich mussten die Kinder in jener Zeit viel helfen, so wie es Gottes Ordnung ist: die Mädchen im Haus, die Jungen im Handel. Else, Frieda und Rosa waren tüchtig im Haushalt, aber es gab auch oft Streit. Die eine war sparsam bis zum Geiz, die andere wollte gern einmal genießen, und ich war zu müde von den Tagen auf dem Holzplatz, um immer das Richtige zu sagen und zu tun. Mein Ton ist vielleicht auch rau geworden vom Umgang mit Arbeitern und Holzfällern. Aber so oft wir uns auch stritten, ich konnte mich auf die Arbeit der Töchter verlassen. Bei den Söhnen – Gott sei's geklagt – war ich nie sicher. Sie liebten mich und küssten mir mit trockenen Lippen die Wange, aber sie gingen oft fort, nahmen sich Frauen und brachen das Herz ihrer Mutter fast entzwei. Fast – es ganz zu brechen sollte ihrer Schwester vorbehalten bleiben.

Aber das wusste ich noch nicht, als Paul spurlos verschwand, um einer Braut zu folgen, die er sich ausgewählt hatte. Als ob die Mutter nichts zu sagen hätte! Als ob es gleichgültig sei, was eine Mutter denkt! Und ich war allein, kein Mann an meiner Seite, der sagen konnte: „Ich, dein Vater, dem du Gehorsam schuldest …" Und so habe ich gesessen und geweint. Damals konnte ich noch weinen. Jetzt sind die Tränen mir versiegt, die Augen brennen nur noch und die Zunge klebt mir am Gaumen.

Damals, als ich um Paul weinte, meinen Sohn, öffnete sich auf einmal die Tür und die beiden Jüngsten in ihren Nachthemdchen stürzten mit entsetzten Gesichtern herein. „Nicht weinen! Nicht weinen!", schluchzten sie lauter als ich, denn das hatten sie noch nie gesehen und nie gehört, dass ihre Mutter weinte. Die eine kletterte auf meinen Schoß, die andere umarmte mich von der Seite, und während sie mich beschworen, nicht zu weinen, mischten sich ihre Tränen mit meinen und tropften auf die Bluse. Sie wussten damals noch nicht einmal, warum ich weinte, erst viel später haben sie es erfahren. Aber ihre Liebe half mir, ich versprach ihnen, nicht mehr traurig zu sein, und schickte sie ins Bett. Dann wartete ich auf die älteren Kinder, die losgezogen waren, ihren Bruder zu suchen. Sie fanden ihn nicht, aber Paul kam zurück, brachte seine Frau, und ich musste mit ihr leben: ein Irrwisch, ein Paradiesvogel – auch als Mutter, so dass ihr erstes Kind fast gestorben wäre, hätte ich es nicht zu uns genommen, hätten meine Töchter es nicht gepflegt. Mein kleiner Gerhard, ein Kind wie aus dem Märchen, aber die Mutter hielt es in ihrem Bann – und das zweite Kind hat sie sterben lassen, wir haben es gepflegt, aber da war es schon zu spät.

Solch eine Frau hat mein Sohn genommen, der Unglückliche. Wenn er auch kommt, jeden Freitag, bevor die Dunkelheit hereinbricht und der Sabbat beginnt: Er betet nicht so, wie ein guter Hausvater beten müsste. Und sein kleiner Sohn hat von ihm nicht gelernt, am festlichen Sederabend zu fragen, wie es seit den Zeiten des Mose jüdische Söhne tun.

Meine Kinder stellten alle diese Frage, solange sie die Jüngsten waren: „Wodurch unterscheidet sich diese Nacht von anderen Nächten?"

So konnte ich ihnen antworten, ich – an Stelle des Hausvaters, den es in unserer Familie nicht gab: „Einst waren wir Sklaven des Pharao in Ägypten, aber der Ewige, gepriesen sei sein Name, führte uns von da heraus mit starker Hand."

Was habe ich falsch gemacht? Paul und sein Bruder Arno leierten ohne Betonung die Gebete herunter. Arno grinste wohl auch einmal, wenn er das bittere Kraut nahm, das uns an die bitteren Zeiten erinnert, die er nicht kannte. Wenn er sie nur nicht kennen lernen muss, er und alle, die nicht mehr die alten Gebete sprechen mit ihren Kindern! Heute kommen Arno und seine Martha immer erst spät zum Sabbatbeginn, es ist ihnen gleichgültig, dass der Herr uns mit diesem Tag ein Geschenk gemacht hat, das die Christen uns fortnahmen.

Warum sind meine Kinder nicht beim Glauben ihrer Väter geblieben, warum leben sie, als hätte Gott den Bund am Sinai nicht mit uns geschlossen und uns herausgerufen aus allen Völkern? Habe ich nicht treu genug gebetet, streng genug die Gebote gehalten? Ich wollte sie beschützen wie der Herr selbst Jerusalem beschützen wollte: unter weit ausgebreiteten Flügeln. Aber sie liefen mir davon wie die Küken der Henne.

Und das eine Küken? Es lief so weit fort, dass ich es nicht mehr erreiche. Ja, meine Tochter betet, aber bei ihr ist das Gebet wie ein Fortgehen aus diesen Räumen in einen anderen, in den ihr niemand folgen kann. So habe ich nie gebetet, ich blieb, die ich war, und ich trug meine Verantwortung. Ich wälzte sie nicht einfach auf Gott ab, der sie mir doch aufgetragen hat. Ich verabschiede mich nicht von der Welt und von den Menschen, für die ich einzustehen habe. Ich bleibe. Aber sie ist gegangen, rutscht auf den Knien fort. Fort von mir, von uns allen. Waren wir nicht Zweige an einem Baum, Seiten in einem Buch? So viele Stürme sind über uns hinweggegangen. Kinder sind geboren und Kinder sind gestorben, Ehen geschlossen und Ehen zerbrochen. Wir blieben beieinander, meine Kinder und ich, eins trug die Last des andern. Friedas Tochter, Pauls Sohn, Arnos Kinder – sie gehören uns allen, sie sind bei uns zu Hause. Aber die eine ging fort.

Die andern habe ich unter meinen Flügeln zusammengehalten, ja, ja. Am vorwitzigsten waren natürlich immer die beiden Jüngsten. Als sie kleine Mädchen waren, sah ich sie kaum, denn ich musste früh aus dem Haus und kam erst abends wieder, die Hände waren voll Schwielen, kaum zum Streicheln geeignet, mein Kopf voller Zahlen. Im Alltag hatten Lieder und Gebete keinen Platz. Aber ich wusste, dass die Geschwister die Kleinen liebten wie ihre eigenen Kinder, und wenn eins krank wurde, dann war ich zur Stelle, ließ Holzhandel Holzhandel sein, wusste, wie ich sie am besten warm halten, wiegen und füttern musste, und in die matten Augen kehrte bald der Glanz zurück. Es war klar und sicher: Ich war für sie da, auch wenn sie mich tagelang nicht sahen. Sie waren umgeben von Liebe und Sorge. Verwöhnt haben wir sie nicht, doch sie hatten alles, was sie brauchten.

Unsere Wohnung war eine Burg, guten Menschen offen, aber wehrhaft gegenüber jedem Eindringling. Und ganz im Inneren dieser sicheren Burg lachten und spielten die beiden kleinen Mädchen. Sie lernten, was andere Kinder erst viel später lernten, weil die Geschwister es ihnen vorsagten. Sie sahen herab auf die Gleichaltrigen, die noch nie von Schiller und Goethe gehört hatten, weil keine großen Brüder da waren, die in der Schule Literatur lasen. So waren die beiden Mädchen – kaum zwei Jahre im Alter auseinander – schon als Kinder wie die Großen und beanspruchten ganz selbstverständlich, ernst genommen zu werden. Wehe, wir ließen ihnen nicht ihren Willen. Besonders die Jüngste konnte in ein markerschütterndes Wutgeheul ausbrechen, wenn es nicht ging, wie sie es wollte. Schon um die Nachbarn und die zänkische Wirtin nicht noch mehr gegen uns aufzubringen, ließen die Geschwister ihr manches durchgehen, und sie sah es als ihr Recht an, zu tun, was sie wollte. Von diesem Recht hat sie Gebrauch gemacht, genauso wie ich. Aber ich tat es im Einklang mit den Überlieferungen der Väter. Sie hat die Wege der Alten verlassen.

Ernas Geschrei dagegen verklang immer schnell, die Zweitjüngste ging ihren Weg sehr viel sicherer als alle anderen meiner Töchter. Dass sie heute eine gute Ärztin ist, macht mich stolz. Auch ihre Ehe – selbst wenn ihr Mann eine ganz und gar unerträgliche Schwiegermutter mitgebracht hat – steht auf einem festen Grund, die Kinder werden mit Liebe groß gezogen. Man könnte meinen, Erna wollte mich entschädigen für das Leid, das ihre kleine Schwester mir zugefügt hat. Dabei waren sie doch unzertrennlich, die beiden, eine immer an der Seite der anderen, sie teilten alle Geheimnisse. Aber das ist nun vorbei. Auch Erna muss allein zurecht kommen.

## 2. Kapitel

Von den vielen Geschwistern steht die Schwester Erna Edith Stein im Alter am nächsten. Die beiden „Kleinen" wachsen miteinander auf und teilen auch noch als junge Frauen Freud und Leid. Später versucht Erna immer wieder zwischen der Schwester und der Mutter zu vermitteln.

1920 heiratet sie den Arzt Dr. Hans Biberstein, später hat sie eine Praxis als Frauenärztin in Breslau. Die Familie emigriert 1939 in die USA.

## *Die Schwester*

Meine früheste Erinnerung: Edith und ich allein im Zimmer. Wir spielen auf den blank gescheuerten Dielen, während draußen die großen Geschwister ihrer Arbeit nachgehen. Irgendwann rufen die Jungen einen Abschiedsgruß herein und melden nach ein paar Stunden durch lautes Türenknallen: „Wir sind wieder da."

Dann fliegen die Schultaschen in eine Ecke, lärmend beginnt das Mittagessen, Rosa brüllt wie ein Löwe, wenn Arno seinen Bruder Paul an den Haaren vom Tisch zieht. Else versucht mit sanfter Stimme Ordnung zu schaffen. Wenn es plötzlich ganz still wird, wissen wir: Die Mutter steht unerwartet in der Tür. Schneller als ich rutschte dann Edith von ihrem Stuhl herunter und flog in die weit ausgebreiteten Arme.

Aber das kam selten vor, dass wir die Mutter tagsüber sahen. Meistens erschien sie abends, streichelte uns noch im Vorübergehen übers frisch gewaschene Haar und drückte einen Kuss auf die schwer gewordenen Augenlider. In den Schlaf begleiteten uns ihre schweren Schritte, die durch die Zimmer gingen, und der ferne Klang ihrer Stimme, wenn sie mit den Geschwistern sprach – meist ruhig und bestimmt, manchmal aber auch zornig und laut. Das war für uns: Ordnung, Sicherheit, Geborgenheit. Es bedeutete: Morgen, wenn wir die Augen aufschlagen, wird alles sein, wie es gestern war. Die Uhr tickt und schlägt (wehe, Paul vergaß sie aufzuziehen!), das Essen steht pünktlich auf dem Tisch, die Sonne malt helle Kringel auf den Boden, die Geschwister lachen und streiten, der Sommer geht vorüber, im Winter prasselt Feuer im Kachelofen, der Frühling leckt den Schnee vom Holzplatz und ich bin wieder ein Jahr älter. Edith muss noch warten und ärgert sich darüber. Ja, es ärgerte sie maßlos, dass ich älter war. Von Februar bis Oktober war ich zwei Jahre älter, von Oktober bis Februar triumphierte sie: „Nur ein Jahr – ätsch! Du bist fünf und ich bin auch schon vier. Und wenn ich mich anstrenge, hole ich dich ein ..."

Aber ich wurde sechs und Edith war immer noch vier. Nach Ostern brachte mich Mutter in die Schule am Ritterplatz, wohin auch schon unsere Schwestern gegangen waren. Stolz wandte ich mich von der Kleinen ab, die draußen stehen bleiben musste.

„Ich will auch in die Schule!"

Zu Hause sei sie dann sehr still gewesen, haben die Geschwister erzählt. Die Puppen flogen in die Ecke, die Bilderbücher wurden von vorn bis hinten durchgesehen, ob es darin vielleicht doch noch irgend etwas zu entdecken gebe. Mittags fragte sie die anderen:

„Wann kann man in die Schule gehen?"

„Man muss sechs Jahre alt sein."

Ein verzweifelter Blick: „Das ist zu lange."

„Nur anderthalb Jahre, Miezekätzchen. So lange kannst du noch zu Hause spielen."

„Ich will aber nicht."

Mutter versprach, sie zu anderen Kindern zu bringen, damit sie nicht allein spielen müsste. Es gab einen Kindergarten, die „Kinderbewahranstalt".

„Ich will nicht in die Kinderbewahranstalt. Ich will in die Schule."

Trotzdem wurde sie zwei Tage später morgens fertig angezogen, sogar neue Schuhe bekam sie zu diesem Anlass. Paul sollte sie zum Kindergarten bringen.

„Aber es regnet doch."

„Na und?"

An der Hand des Bruders trat sie vor die Tür.

„Ich kann nicht gehen. Meine Schuhe werden schmutzig."

Paul lachte und nahm sie auf den Arm.

Missmutig stapfte sie mittags wieder herein.

„Da geh ich nie wieder hin."

„Aber warum denn nicht?"

„Die spielen mit Bausteinen."

„Na und?"

„Wir sollten die Puppen anziehen."

„Das ist doch schön."

„Neieiein!!!"

Es folgte einer ihrer Wutausbrüche, für die sie nicht nur in der Familie, sondern in der ganzen Nachbarschaft bekannt war. Am nächsten Morgen versuchte Rosa ihr Glück und brachte sie zum Kindergarten. Als das Gebäude in Sichtweite war, warf sich Edith auf die Straße und schlug um sich. Schweißgebadet kam Rosa mit ihr wieder nach Hause. Ich machte mich gerade – von den andern kaum beachtet – für die Schule fertig.

„Sie will nicht."

Unsere Mutter schüttelte den Kopf und sah Edith streng an. Der Kampf ging weiter, mehrere Wochen lang. Manchmal schafften wir es, Edith durch die Tür in den Flur des Kindergartens zu schieben und dann schnell wegzulaufen. Aber nach solchem erzwungenen Aufenthalt war Edith am nächsten Morgen mit Sicherheit krank. Schließlich sagte sie an einem Sonntag in der Küche der Mutter die Ballade „Der Handschuh" von Schiller auswendig auf. (Paul hatte das Gedicht gerade lernen müssen und sie hatte mucksmäuschenstill zugehört.) Da seufzte meine Mutter und gab auf. Was sollte Edith im Kindergarten „Alle meine Entchen …" singen, wenn sie schon klassische Balladen auswendig konnte! Else, die gerade ihr Lehrerinnenexamen machte, tröstete sie immer wieder: „Sobald du sechs Jahre alt bist, kommst du in die Schule. Wenn es auch mitten im Schuljahr ist – ich sorge dafür. Schließlich bin ich bald examiniert!"

Dieses Versprechen war ein Fehler. Schon im Sommer begann Edith zu quengeln:

„Jetzt bin ich bald sechs. Und ihr habt noch keinen Ranzen für mich."

Wir anderen versuchten sie zu vertrösten. Kein Kind wurde im Oktober in die erste Klasse aufgenommen.

„Aber Else hat es mir versprochen."

„Das geht nicht, Edith, du musst bis zum nächsten Jahr warten, die anderen können doch schon lesen und schreiben."

Sie heulte eine Weile. Dann verschwand sie. In unserem Zimmer suchte sie meine Fibel und ging damit in die Küche. Rosa stand am Spülstein. Die ersten Seiten hatte ich ihr schon vorgelesen, jetzt schlug sie das Buch in der Mitte auf.

„Was heißt das?"

„Otto spielt."

„Und das?"

„Otto liest. – Aber lass mich jetzt in Ruhe, ich muss mich mit dem Geschirr beeilen."

Edith ging ins Zimmer, wo Arno über seinen Aufgaben saß.

„Was heißt das?"

„Otto spielt mit dem Ball. – Aber ich muss jetzt meine Mathematikaufgaben machen."

Paul bastelte ein Schiff. Er hatte gerade ein Buch über die Wikinger gelesen.

„Was heißt das?"

„Otto liest ein Buch."

Am Abend las Edith uns die Fibel von der ersten bis zur letzten Seite vor. Die Mutter sah uns alle der Reihe nach an. Die Geschwister zuckten die Achseln. Else sagte nur:

„Sie kann es eben."

Und Edith klappte das Buch zu mit den Worten:

„Ich werde Lehrerin wie Else."

Mit Bangen sahen wir dem 12. Oktober entgegen, Ediths Geburtstag. Es war sicher, dass sie uns keine Ruhe lassen würde. Allen ihren Spielkameraden erzählte sie, dass sie nun bald in die Schule komme. Was blieb Else und unserer Mutter anderes übrig, als in den ersten Oktobertagen mit Edith den Herrn Rektor der Viktoriaschule aufzusuchen. Mein Schwesterlein wurde wieder fein herausgeputzt und hatte diesmal trotz des schlechten Wetters auch keine Sorge um die Schuhe. Else setzte sich ihren eleganten Hut auf und der Rektor empfing die beiden Damen, die er gut kannte, mit großer Höflichkeit. Erleichtert kamen sie wieder nach Hause. Obwohl er Edith für zu klein und zart hielt, hatte er sich – Else zuliebe – bereit erklärt, eine Ausnahme zu machen und Edith mitten im Schuljahr aufzunehmen. Ich seufzte tief, als ich das hörte. Ein Glück, dass ich wenigstens eine Klasse weiter war! Und nun brauchte ich auch nicht mehr allein den Schulweg zu gehen. Edith stand immer schon fertig an der Tür, wenn ich noch meine Jacke suchte. Und dann ging es los, in den kühlen Morgen hinaus, oft bei Eis und Schnee, aber immer gut gelaunt, denn Edith redete die ganze Zeit begeistert von dem, was sie heute wieder alles lernen würde.

Eine glückliche Zeit – damals. Vor uns lag zum Greifen nahe eine großartige Zukunft. Alles, was unsere Mütter und Großmütter nie zu träumen gewagt hatten, wurde uns zugestanden. Wir durften lernen, wir durften klug sein, Verantwortung tragen. Das lehrreichste Beispiel war unsere Mutter. Sie war eine erfolgreiche Frau geworden, weil das Schicksal sie dazu gezwungen hatte. Wir gingen den direkten Weg. Wir – Mädchen! nur Mädchen! – gingen aufs Gymnasium. Wir – Mädchen! – lernten alte Sprachen und Philosophie. Wir gingen auf die Universität. Wir wurden Lehrerinnen, Ärztinnen, Philosophinnen.

Edith war uns anderen überlegen. Vielleicht suchte ich darum einen Weg, auf dem sie mir nicht folgen würde. Ich liebte sie, ich brauchte sie, ich konnte mir nicht vorstellen, jemals ohne sie zu leben, aber manchmal biss ich die Zähne zusammen und ballte heimlich die Faust: „Die kluge Edith ..." Natürlich immer sie! „Ist das deine Schwester?" Ja, sie ist es.

Ich wäre auch gern einmal gelobt worden. Doch ich nehme nicht an, dass jemals einer Edith gefragt hat: „Die kluge Erna ..." oder auch nur: „Die schöne Erna ... Ist das deine Schwester?"

War sie wirklich so, wie alle sie beschrieben – stets freundlich, zurückhaltend, bescheiden, ruhig, die ganze Schulzeit lang?

Einmal gingen wir über die Brücke von der Schule nach Hause, Edith mittags meist langsamer als ich. Schließlich blieb sie sogar stehen und schaute in die Oder hinunter. Vor uns lagen die gewaltigen roten Mauern der Kirche, die von den Leuten „Sandkirche" genannt wurde.

„Sag mal, Erna, glaubst du an Gott?"

Ich wollte nach Hause, ich hatte Hunger.

„Ja, natürlich, was meinst du denn?"

Edith starrte ins Wasser.

„Und wenn es ihn gar nicht gibt?"

Ich wäre nie auf die Idee gekommen, auch nur darüber nachzudenken, dass es Gott nicht geben könnte. Zwar nahmen wir als jüdische Kinder nicht am Religionsunterricht der Christen teil, hatten eigentlich gar keine Unterweisung in religiösen Dingen – außer dem Vorbild unserer Mutter – aber Gott, das war eine Realität. Und so wenig wir auch von ihm wussten: Als Juden hatten wir eine besondere Beziehung zu ihm. Das erfuhren wir, wenn wir in die Synagoge gingen und wenn wir zu Hause die großen Feste unserer Tradition feierten.

Edith stand immer noch am Brückengeländer. Ich hatte das Gefühl, sie müsse dort unten wohl etwas sehen, was sie beunruhigte. Also stellte ich mich neben sie. Aber ich sah nur einen abgebrochenen Ast, den die Wellen vorübertrugen. Er verschwand im Schatten der Brücke.

„Komm, wir müssen nach Hause."

Edith widersprach nicht, sie folgte mir schweigend und in Nachdenken versunken.

„Na, wieviel Einser hast du heute in der Tasche?", scherzte Paul, als wir am Mittagstisch saßen.

„In Mathematik ist es nur eine Zwei", erwiderte Edith leicht beschämt – und verstand nicht, dass alle in Gelächter ausbrachen.

Nur in den Naturwissenschaften gelang es mir, besser zu sein als Edith, und darum ließ ich mich gern von unserem Onkel überreden, Ärztin zu werden. Edith ließ sich nie zu etwas überreden. Das wussten alle in der Familie. Darum versuchte auch niemand, sie von der Idee abzubringen, neben Literatur und Geschichte Philosophie zu studieren. Die Brüder meinten zwar herablassend, kein normaler Mann würde eine Philosophin heiraten, denn von klugen Gedanken würde niemand satt, aber ich weiß auch nicht, wie Paul und Arno reagiert hätten, wenn ihre geliebte kleine Schwester ein „normales" männliches Wesen ins Haus gebracht hätte. Unsere Familie war eine verschworene Gemeinschaft. Die Schwägerinnen hatten es schwer genug, ihren Platz zu finden. So nachsichtig sie uns gegenüber war – von ihren Schwiegertöchtern verlangte Mutter, dass sie sich widerspruchslos einfügten. Auch mein Hans musste um ihre Anerkennung kämpfen.

Hans war auf einmal da – schon in meinem ersten Semester. Ich saß in der Vorlesung, und er saß hinter mir. Ich ging nach Hause, und er hatte zufällig denselben Weg. Ich wartete auf meine Schwester, und er wartete mit.

Edith und ich waren gewohnt, alles gemeinsam zu tun. Darum erwartete ich ganz selbstverständlich von ihr, dass sie mich, so oft sie konnte (z. B. in den Schulferien), zur Universität begleitete, in den Vorlesungen saß und mir ihre Meinung über die Professoren sagte. Natürlich verstand sie nichts von Physiologie und Bakteriologie, aber sie hatte einen Blick für Menschen.

„Na, der bläst sich aber auf. Hoffentlich steckt auch etwas dahinter."

Oder: „So ein bescheidenes Männchen. Ich wette, er hat eine böse Frau …"

Als sie Hans sah, beobachtete sie ihn sehr aufmerksam. Zweifellos gefiel er ihr, wenn er wie ein Ball, leicht und elegant, über den Tennisplatz sprang. Er hatte eine gute Figur, kleidete sich mit Sorgfalt, und das dunkle Haar war immer perfekt gescheitelt.

Und ihr Herz? Ich weiß nicht, ob sie sich in ihn verliebt hätte, wenn sie ihm allein begegnet wäre. Aber so wie die Dinge lagen, schien es für sie völlig klar: Hans war für mich bestimmt.

Abends im Bett sprachen wir jede Begegnung gründlich durch. Es interessierte sie sogar, was er mir auf unseren Spaziergängen ins Ohr geflüstert hatte. Wir kicherten über die kleinen Scherze, die er sich erlaubte: „Ein Veilchen hat er dir ins Kleid gesteckt? Hinten?" „Ja, natürlich, hinten!" „Stell dir vor, er hätte es vorn versucht …"

Ihre Ratschläge jedoch waren immer abgewogen und rational nach der Logik des „Wenn …, dann …"

„Wenn du ihn liebst, dann musst du es ihm auch zeigen."

„Wenn ihr einander wichtig seid, musst du auch mit seiner schwierigen Mutter auskommen."

„Wenn Hans die Mutter wichtiger ist als du, dann muss er sich entscheiden."

Für mein aufgewühltes Herz war es heilsam, so klar die Bedingungen vor Augen geführt zu bekommen. Aber es kam auch vor, dass ich mich in den Schlaf weinte und Edith verachtete, die so ruhig neben mir atmete, als gäbe es keine Leidenschaft, keine Liebe und keine Eifersucht.

Kurz vor Ediths Abitur – da wohnten wir schon im geräumigen eigenen Haus in der Michaelisstraße – kam Hans unter dem Vorwand, ihr beim Lernen helfen zu wollen, regelmäßig zu uns. Er interessierte sich genauso wie Edith für Geschichte. Aber seine Mutter hatte ihm gesagt, das sei eine brotlose Kunst und er solle lieber etwas Vernünftiges werden. Darum studierte Hans Medizin wie ich. Denn er machte immer, was seine Mutter sagte – und das war unser Problem.

Nur mit Edith unterhielt er sich über die deutsche Geschichte, die für ihn, den Juden, die ruhmreichste aller Zeiten war. Aber wenn sie begann, ihre Vorträge zu halten, mit denen sie ihre Lehrer und Mitschüler schon immer fasziniert hatte, dann war mein Hans sehr schnell abgelenkt. Er wandte zwar keinen Blick von ihr, doch die Hintergründe, Voraussetzungen und Folgen des Investiturstreits aus dem 11. Jahrhundert fesselten ihn weniger als der Glanz ihrer Augen und die lebhafte Mimik ihres Gesichtes, wenn sie von dem hohen Schnee rings um die Burg Canossa erzählte, von der vorgetäuschten Demut des Kaisers und dem Hochmut des Papstes. Hatten wir das endlich abgeschlossen, manchmal schon deshalb, weil ich ungeduldig wurde, dann brauchte Edith, wie sie sagte, eine Belohnung. Ich musste mich ans Klavier setzen und spielen.

„Lippen schweigen, flüstern's Geigen, hab mich lieb …"

Ich sah von den Noten kurz auf. Hans hatte meine Schwester im Arm und tanzte mit ihr durchs Zimmer. Ihre Körper bewegten sich in vollkommener Harmonie.

Meine Finger glitten wie von selbst über die Tasten.

„… alle Tritte sagen: Bitte, hab mich lieb …"

Ich war keine gute Tänzerin. Meine Füße gehorchten mir nicht und Hans war oft böse, weil ich ihn trat. Edith schwebte in seinen Armen an mir vorbei.

„Ja, 's ist wahr, du hast mich lieb …"


„Deine Schwester tanzt ganz wunderbar", sagte Hans, als ich ihn zur Tür brachte.

„Und ich?"

„Du spielst wunderbar Klavier."

Er lachte, verneigte sich und führte mit Grazie meine Hand an seinen Mund. Ich hätte gern noch ein bisschen länger mit ihm in der Tür gestanden, aber er musste sich beeilen. Seine Mutter wartete. Sie war schwer herzleidend, und so war Hans zu ständiger Rücksichtnahme gezwungen.

Als ich wieder ins Zimmer kam, saß Edith am Klavier und klimperte so etwas wie den „Flohwalzer".

„Dass du so gut tanzen kannst …", sagte ich.

„Dass du so gut Klavier spielen kannst …", sagte sie und schloss mit einer heftigen Handbewegung den Deckel. „Du bist mir doch nicht böse?"

Später hat Hans mir gebeichtet, es habe ihn damals durchaus die Frage beschäftigt, welche von uns beiden ihm eigentlich besser gefalle.

„Und wie kam es zu der Entscheidung?"

„Als Edith einmal sagte, die Küche sei der überflüssigste Raum im Haus."

So war er, mein Hans, und so blieb er: anspruchsvoll und charmant, ein hervorragender Sportler und Tänzer, beleidigt, wenn es nicht nach seinem Willen ging – und es sollte noch oft nicht nach seinem Willen gehen.

Edith hat uns aufmerksam beobachtet, sich oft mit ihm gestritten und ihm nur beim Tanzen verziehen, dass er so war, wie er war. Ich glaube nicht, dass sie mich beneidet hat. Vor allem damals nicht, als er rücksichtslos darauf bestand weiter zu wandern, obwohl Edith sich den Fuß verstaucht hatte und nur mit Mühe vorwärts kam. Unsere Freundinnen waren empört über sein Verhalten und ich – wieder einmal – im Konflikt zwischen meiner Liebe zu ihm und den Interessen meiner nächsten und liebsten Mitmenschen.

Trotzdem galt Hans Biberstein in Breslau als „gute Partie". Seine Mutter war der Überzeugung, er könnte eine Frau aus den besten Häusern bekommen – und die Steins, die in der schlechten Gegend jenseits der Oder wohnten und deren Mutter auf dem Holzplatz arbeitete, waren da nur so etwas wie „zweite Wahl". Sie verlangte von mir ganz selbstverständlich, dass ich mich ihm unterordnete.

Edith hätte so eine Haltung nie akzeptiert. Wenn sie sich unterordnen sollte, dann musste ein anderer vor ihr stehen – ein Großer, ein Bedeutender, ein weltbekannter Professor der Philosophie. Aber auch dessen Bedeutung reichte am Ende nicht, um Ediths Willen zu bezwingen.

Wir warteten jahrelang darauf, dass sie sich endlich verlieben und in jenen hoffnungslosen Zustand verfallen würde, der uns andere quälte und berauschte. Aber als es geschah, kam sie nur noch zu Besuch nach Breslau.

Der Krieg begann und alle Zukunftspläne schienen unwichtig geworden zu sein. Angesichts der neuen und ganz anderen Herausforderung erkannte Edith den Wert einer praktischen Tätigkeit und bereitete sich – gegen den entschiedenen Willen unserer Mutter – auf den Lazarettdienst vor. Endlich durfte ich sie einmal belehren und unterrichten. Sie war aufmerksam und geschickt. Zum ersten Mal in unserem gemeinsamen Leben fühlte ich, dass sie mich bewunderte: beim Aufziehen der Spritzen, beim Setzen der Injektion, beim Anlegen von Verbänden.

Unsere Wege trennten sich. Edith verrichtete ihren Dienst im Seuchenlazarett von Mährisch-Weißkirchen bis zur totalen Erschöpfung. Dann setzte sie ihre Studien fort, als hätte sie nie etwas anderes getan. Mir war es nicht mehr möglich, ihren Gedankengängen zu folgen. Es war mir nur klar, dass sie die Wahrheit suchte – und finden würde.

„Weißt du", sagte sie, als wir im Schwarzwald auf dem Höhenweg gingen, „es gibt Leute, die behaupten, es gebe diese Landschaft nur, weil wir sie sehen."

Vor uns bildeten Bergrücken Linien einer Schrift, die ich nicht lesen konnte. Aber Edith fuhr mit den Fingern die Silhouette entlang, als würde sie buchstabieren. Aus den Tälern stieg schon der Abendnebel und verwischte die Konturen. Wir hätten uns eigentlich beeilen müssen, um unser Quartier zu erreichen.

„Alles das", sagte Edith und blieb stehen, „ist da. Unabhängig von uns. Nur – wie können wir es wahrnehmen?"

„Wir sehen es doch."

„Mach die Augen zu – und du siehst nichts mehr. Was machen wir dann?"

„Herunterfallen."

Wir lachten.

„Ja, das ist es", sagte Edith, „nur ein bisschen komplizierter."

Eigentlich wollte sie mir noch am selben Abend ausführlich erklären, was das nun wirklich bedeutete: „Phänomenologie". Ich konnte das Wort kaum aussprechen, ihr rutschte es über die Lippen wie „Guten Tag" und „Auf Wiedersehen." Es kam aber nicht zu dem geplanten Vortrag. Wahrscheinlich war ich zu müde. Und um ehrlich zu sein: Mir genügte es, wenn ein Neugeborenes den kleinen Mund öffnete und zu schreien begann. Ein neues Leben. Das Glück der Mutter. Die Überwindung von Schmerz und Angst. Das war für mich die Wahrheit.

Die Verlobungszeit mit Hans war beglückend und quälend wie eine schwere Geburt. Auch da erfuhr ich die Wahrheit des Lebens, das aus so vielen Kämpfen und Niederlagen, kleinen Siegen und langen Geduldsproben besteht. Edith hat mir auf ihre Weise geholfen. In dieser Zeit – als der Krieg vorbei war und wir nach langen Jahren wieder im Haus der Mutter beieinander schliefen – flüsterten wir abends im Bett miteinander wie kleine Mädchen.

„Es fällt ihm so schwer zu verstehen, dass ich meinen Beruf liebe. Soll ich denn alles aufgeben?"

„Nein, Erna, das darfst du nicht. Er wird es lernen – und stolz auf seine tüchtige Ehefrau sein. Aber die Männer haben es noch nicht verstanden, dass eine intelligente Frau für sie eine wichtige Ergänzung ist. Ich kann das nicht nachvollziehen. Ich möchte doch auch nur einen Mann heiraten, mit dem ich philosophische Gespräche führen kann."

„Kennst du einen, den du heiraten möchtest?"

„Ach ja – nein – in Göttingen gibt es viele, nur – die meisten sind sehr weltfremd. Aber es gibt auch andere …"

„Denkst du an Hans Lipps?"

Sie zögerte eine Weile, obwohl wir doch schon so viel von ihm gesprochen hatten.

„Ja."

Inzwischen hing mein Praxisschild am Gartenzaun unseres Hauses in der Michaelisstraße: „Dr. Erna Biberstein-Stein. Frauenärztin".

Hans und die herzkranke Frau Biberstein fühlten sich im Herrschaftsbereich unserer Mutter immer nur geduldet, nie wirklich aufgenommen. Sie verstanden den rauen Ton nicht, der zwischen uns Geschwistern herrschte, auch wenn wir es immer gut miteinander meinten. Die beiden Mütter waren auch so unterschiedlich, wie man es sich kaum vorstellen kann. Kam Frau Biberstein nach einem Tag, an dem sie Arztbesuche gemacht und sich gepflegt hatte, zu angeregter Unterhaltung aufgelegt ins Haus, war unsere Mutter erschöpft von der Arbeit im Sessel zusammengesunken und nickte wohl auch einmal kurz ein. Rosa, die den Haushalt führte, servierte Hans, der auch müde aus der Klinik kam, gern noch ein spätes Abendbrot, sah aber überhaupt nicht ein, warum sie auch seine Mutter bedienen sollte, die in ihren Augen faul war. Wenn diese mir dann noch Vorwürfe machte, weil ich als unaufmerksame zukünftige Schwiegertochter nicht einmal die neue Bluse bewundert hatte, explodierte meine Mutter – und es fielen heftige Worte.

„Nie kann man in Ruhe mit euch reden. Und Erna sieht so bleich aus, dass man meint, sie sei schwindsüchtig."

„Erna arbeitet eben", fuhr meine Mutter wütend auf, „sie hat keine Zeit, sich in die Sonne zu legen."

„Was soll ein junger Mann mit einer ständig überarbeiteten Frau?"

Hans verzog das Gesicht. Ich ging aus dem Zimmer, und es war dann Edith, immer wieder Edith, die beruhigte, klärte, versöhnte. Sie hatte gelernt, die Schwächen der Menschen zu verstehen. Wenn ich klagte und Zweifel äußerte, ob ich die Verlobung nicht besser lösen sollte, dann schüttelte sie heftig den Kopf.

„Du musst es ertragen, Erna, sie können nicht anders. Sie sind nicht so wie wir."

Vielleicht hat sie ja deshalb keinen Mann genommen, weil sie bei mir erfuhr, wie schwer es sein kann, zusammenzufinden.

Am Ende haben wir es geschafft, Hans und ich. Leicht war es nie – auch nicht, als die Kinder kamen.

Edith saß an meinem Bett und hielt meine Hand. Sie legte mir den Säugling an die Brust, und gemeinsam betrachteten wir voll Begeisterung die Kraft und Lust des neuen Lebens. Wir freuten uns an dem leisen Glucksen der Zufriedenheit, wenn unser Kind sauber und satt im Körbchen lag. Edith trug die Windeln in den Keller zum Waschen und versorgte mich mit stärkender Nahrung.

Aber ich musste ihr auch helfen. Sie weihte mich abends in ihre geheimen Pläne ein. Ich sollte die Mutter darauf vorbereiten.

Das erste Mal war schlimm genug: Sie wollte sich taufen lassen. Katholisch.

„Aber Edith – du kannst ja glauben, was du willst, musst du es denn unbedingt so offiziell machen?"

„Ja, ich muss."

„Es wird unsere Mutter tief treffen."

„Ja, ich weiß."

„Und Hans Lipps?"

„Ach, das ist … nein, wir werden nicht heiraten."

„Warum wirst du dann nicht protestantisch? Das ist doch irgendwie vernünftiger, aufgeklärter. Die meisten Juden werden Protestanten, wenn sie unbedingt einen Gottessohn brauchen."

„Ich werde katholisch."

Sie antwortete nicht ohne Bewegung, es fiel ihr schwer, aber es schien mir, als gehorche sie einem unhörbaren Befehl, dem sie sich nicht zu widersetzen vermochte. Über alles konnten wir miteinander reden, immer noch, aber auf meine Fragen und Einwände zu ihrem Abfall vom jüdischen Glauben antwortete sie nur einsilbig. Es gab keine Erklärungen.

„Wenn du es Mutter sagst, verkraftet sie es vielleicht besser. Bitte, Erna, hilf ihr und mir!"

Zweimal hat sie mich als Wöchnerin gepflegt. Zweimal sollte ich der Mutter sagen, was sie selbst nicht zu sagen wagte.

Ich tat es – wie wir immer alles füreinander getan haben. Ich sah das Gesicht meiner Mutter – in grauen Stein gehauen, die Augen nass von Tränen. Ich flehte Edith an, ihre Ankündigung zurückzunehmen. Sie schüttelte den Kopf. Dann ging sie selbst zur Mutter. Ich hörte die alte Frau stöhnen wie ein verwundetes Tier.

Gott will keine Menschenopfer, so steht es in unseren alten Schriften. Aber Edith hat unsere Mutter auf dem Altar vor dem Kreuz geopfert. Grausam und schrecklich war es mit anzusehen.

Als die furchtbaren Jahre begannen und das Unheil über unser Volk hereinbrach, da gehörte Edith schon nicht mehr zu uns. Es schien, als wollte sie sich hinter hohen Mauern in Sicherheit bringen, während gleichzeitig ans Tor zum Holzplatz ‚Juda verrecke' geschmiert wurde. Auch die treuesten Kunden kauften bei arischen Holzhändlern minderwertige Ware zu überhöhten Preisen.

In dieser Zeit sollte ich der Mutter sagen, dass sie in einen Orden eintreten, als Nonne leben wollte.

Bis dahin hatten wir die schwarz verkleideten Frauen nur verachtet. Das waren solche, die keine Männer gefunden hatten, die unglücklich verliebt nun mit verzückten Blicken zu dem grässlichen gefolterten Mann am Kreuz aufsahen. Ein Irrweg des Denkens und Glaubens. Und diesen Weg wollte unsere Edith gehen, die kluge, schöne, erfolgreiche Jüngste?

„Naja, sie hat ja auch keinen Mann gefunden", meinte Hans, als er abends bei mir lag. Dass Männer immer meinen, alles hinge nur von ihnen ab … Aber natürlich lag der Gedanke nahe. Und ich dachte darüber nach, was wohl aus Hans Lipps geworden war.

In meiner Ratlosigkeit ging ich einige Tage später in den Dom. Es war gegen Abend, durch die Fenster drang kaum noch Helligkeit. Eine Seitenkapelle aber glänzte golden vom Licht vieler Kerzen. Davor knieten auf den nackten Steinen zehn oder mehr Nonnen, tief versunken, ihre Gebetsketten in den Händen. Sie sahen aus wie ein Schwarm müder Vögel, verloren in der hereinbrechenden Nacht. Ihr leises Murmeln war das einzige Geräusch zwischen den hohen Säulen, die in tiefe Dunkelheit hinaufragten.

Wie klar, wie hell präsentierte sich dagegen unsere Neue Synagoge, die Mutter jede Woche besuchte!

Ich flüchtete aus dem Dom ans Ufer der Oder und sah zu, wie die gelb leuchtenden Blätter des Sommers vorüber trieben. Was konnte ich sagen zu dem Unterschied zwischen den Religionen? Ich spürte mein Unvermögen.

Sie kam in diesem Herbst noch einmal nach Hause, begleitete Mutter in die Synagoge, betete mit ihr dieselben Psalmen, aber ihr Entschluss war so fest und unabänderlich wie beim ersten Mal. Als sie Breslau verließ an jenem grauen Morgen, einen Tag nach ihrem Geburtstag – endgültig! für immer! – da musste ich die gebrochene Frau in meinen Armen halten. Rosa und Else begleiteten ihre Schwester zum Bahnhof. Wir hörten die Straßenbahn vorüber rattern. Sonst stand Mutter immer am Fenster und winkte. Das gehörte sich so, das hieß: Komm gut wieder! Vergiss uns nicht! Hier ist deine Heimat! Aber diesmal blieb sie auf dem Sessel sitzen. Die anderen im Haus gingen schweigend ihrer Arbeit nach. Und ich hielt die Hand, die sich um meine krampfte, als draußen das Rumpeln der Räder verklang. –

Da war meine Schwester eine Fremde geworden.

Jahre später, an einem Abend im Februar, legte unser Schiff in Bremerhaven ab. Hans war schon in den Vereinigten Staaten und erwartete uns dort. Ich stand mit den Kindern im eiskalten Nieselregen an Deck. Susanne streckte ihren Arm aus, unschlüssig, als wollte sie winken. Aber da war niemand mehr, der uns winken konnte.

Ich klammerte mich an meine Kinder, als wollte sie mir jemand aus den Armen reißen.

„Wir kommen doch wieder, Muttel?"

Ich log. „Ja, natürlich kommen wir wieder."

Die Lichter der Stadt versanken in der Nacht. Bremerhaven. Berlin. Breslau. Die Heimat. Das Grab der Mutter. Die Geschwister in Lebensgefahr. Die aufmarschierten Armeen. Und Edith, meine Schwester, weit entfernt von mir hinter schützenden Mauern. Wenigstens in Sicherheit. So glaubte ich.

## 3. Kapitel

Edith Stein studiert in Göttingen bei dem bekannten Professor Edmund Husserl Philosophie und beschäftigt sich mit dessen neuer Lehre, der Phänomenologie. Hier lernt sie einige Studenten kennen, die später als Philosophen in der deutschen Wissenschaft eine bedeutende Rolle spielen. Mit dem Arzt und Philosophen Hans Lipps verbindet sie über lange Jahre eine persönliche Freundschaft.

### *Der Freund*

Es gibt kein Kleid, an das ich mich erinnern kann. Was sie trug, sah immer etwa gleich aus. Die Farben? Grau, dunkelblau, schwarz und natürlich weiß: weißer Kragen, weiße Bluse, weiß irgendwo, wo ein Mann nicht so genau hinsehen sollte. Die Haare? Dunkel, gescheitelt. Alle Studentinnen trugen die Haare korrekt gescheitelt, kurz oder hochgesteckt. Es soll Zeiten gegeben haben, wo Frauen offen langes Haar zur Schau stellten, womöglich gelockt. Unvorstellbar, dass Fräulein Stein Locken trug. Alles an ihr war gebändigt, entzog sich der Aufmerksamkeit – nur die Augen nicht.

Ihre Augen waren groß und heller als das Haar. Sie stand mir gegenüber im eleganten Esszimmer des Herrn von Heister und sagte „Guten Abend". Sie sagte es nicht laut, aber sehr deutlich artikuliert, und ihre Augen sagten: „Wer sind Sie? Ich interessiere mich für Sie."

Ein Augen-Blick, mehr nicht.

Ich rauchte meine Pfeife weiter, sie wandte sich dem nächsten Anwesenden zu. Dabei bewegte sie sich mit einer Sicherheit, als gehörte sie schon immer zu uns: dem erlauchten Schülerkreis des großen Philosophen Edmund Husserl und der „Philosophischen Gesellschaft" Göttingens, zu der niemand Zugang hatte, es sei denn, er wurde von einem Mitglied eingeführt!

Dieses Mitglied war in ihrem Falle Mos – Dr. Moskowiecz, ein unglücklich Verliebter. Er liebte erstens die Philosophie – und sie entwand sich ihm immer, wenn er meinte, sie mit einem großartigen Gedanken bezwungen zu haben. Zweitens liebte er Fräulein Guttmann, die sich jedoch einen lebenstüchtigeren Kavalier wünschte – aber das erfuhren wir erst später.

An diesem Abend stellte er uns mit einigem Stottern die beiden Damen aus Breslau vor: „Liebe Freunde, dies ist Fräulein Stein. Sie hat in Breslau Psychologie studiert und sucht nun die Wahrheit bei unserem großen Meister. Dies ist Fräulein Guttmann. Sie studiert Mathematik und hat nebenher wie ihre Freundin Interesse an unserer Wissenschaft."

Die anderen Mitglieder der Gesellschaft lächelten höflich, aber auch ein wenig pikiert. Wenn Mos damals nicht für das beginnende Semester Vorsitzender unseres Kreises gewesen wäre, hätte er es sich nicht erlauben können, zwei völlig unbekannte Damen mitzubringen, die ihre Fähigkeiten im Denken noch gar nicht bewiesen hatten. Was war denn Breslau gegen Göttingen? Göttingen! Damals war es das Zentrum des Denkens überhaupt. Zwischen Groner Tor und Botanischem Garten wurde mehr philosophiert als im ganzen übrigen deutschen Reich. Wir fühlten uns berufen, endlich, 2400 Jahre nach Platon, die Frage nach der Wahrheit abschließend zu klären. Wir räumten alle Vorurteile aus unseren Köpfen und erfassten die „Sache", die vor uns lag, unmittelbar. Jedenfalls meinten wir das.

Bei jenem ersten Treffen im Frühsommer 1913 regnete es

natürlich – wie so oft in Göttingen. Jeder, der kam, war schon von weitem zu hören, weil er sich durch kräftiges Stampfen vor der Tür von den Lehmklumpen an den Schuhen zu befreien versuchte. Es dauerte deshalb ziemlich lange, bis alle hereingestolpert waren. Der Diener des Hauses hängte mit unbewegtem Gesicht verschlissene tropfnasse Mäntel auf kunstvoll gedrechselte Bügel und betrachtete die Wasserlachen auf dem Marmorboden, ohne eine Miene zu verziehen.

Unsere wöchentlichen Treffen waren für den Mann eine enorme Herausforderung. Sein Anblick machte mir immer Freude. Er stand für preußische Pflichterfüllung bis zum letzten Atemzug. Gewohnt, adligen Herrschaften beim Ablegen ihrer Pelze zu helfen und auf einen Wink hin die Flügeltüren von Prachträumen zu öffnen, musste er während des Semesters jede Woche einmal in Kauf nehmen, dass sich eine Schar schäbig gekleideter und körperlich verkümmerter Gestalten hereinschlich, sich um den Tisch drängte und statt über die letzten Manöver – über Phänomene der Wahrnehmung redete.

Auch der Hausherr, ein Antiquitätensammler, der uns schätzte, weil wir in seinen Augen den Seltenheitswert von Pharaonenmumien besaßen, verstand nur selten etwas von unseren Gesprächen. Dass „Erkenntnis" ein „Empfangen" von den Dingen her sein sollte und nicht ein „Bestimmen", das den Dingen ihr So-Sein aufzwang – es war zu hoch für den guten Mann. Aber er fühlte sich wohl unter so vielen klugen Menschen und winkte dem Diener, der uns Tee oder Wein anbot. Alle beobachteten interessiert, was sich die neuen Damen einschenken ließen. Natürlich Tee. Ich habe Fräulein Stein nie einen Tropfen Alkohol trinken sehen. Dagegen ließ ich mir den guten Wein natürlich nicht entgehen.

Husserls neues Buch war unser Thema an diesem Abend. Und siehe da: Schon beim allerersten Mal, wo wir andern schüchtern geschwiegen hätten, öffnete dieses Fräulein aus Breslau den Mund und verkündete, sie sehe in den „Ideen zu einer reinen Phänomenologie" einen Widerspruch zu Husserls „Logischen Untersuchungen". Die Mitglieder der Gesellschaft hielten den Atem an. Sie sprach ganz ruhig, sah einen nach dem anderen von uns mit ihren großen Augen an und erwartete eine Antwort. Der arme Vorsitzende rettete sich, indem er Fräulein Stein bat, das Protokoll zu führen. Ich hätte fast Einspruch erhoben. Wollte man die Neue auf diese Weise bloßstellen? In unserer Gesellschaft Protokoll zu führen erforderte mindestens zwei Semester Vorbereitung.

Ich hatte mich geirrt. Wie so oft, wenn es um Fräulein Stein ging. Sie führte, ohne Aufhebens davon zu machen, an diesem ersten Abend Protokoll, gab den Gang des Gesprächs klar gegliedert wieder und beteiligte sich gleichzeitig lebhaft daran. Ich war nicht der Einzige, dem es fast die Sprache verschlug. Unser Fräulein Ortmann, lebenserfahren und stolz auf ihre pommersche Herkunft, schnappte an manchen Stellen hörbar nach Luft, wenn Fräulein Stein sich äußerte. Als die Neuen gegangen waren, schimpfte sie noch auf der Straße über die Frechheit einer so jungen Person, älteren Studenten einfach zu widersprechen, als sei das gar nichts, wenn man schon jahrelang bei Husserl studiert hatte.

Ich hielt mich zurück. Schließlich hatte ich in diesem Semester noch einige nebensächliche Dinge zu tun: Ich bereitete mein Physikum und meinen philosophischen Doktor vor. Die Beschäftigung mit Naturgesetzen, dem Aufbau von Pflanzen und der Frage nach der konkreten Wirksamkeit einzelner Stoffe tat mir gut. Es half mir, die vielen ungelösten Fragen der Philosophie zu ertragen:

Wie gelange ich zu den Sachen selbst, zum Wesen der Dinge und der Menschen?

Wie trenne ich mein Vorurteil von der reinen Anschauung?

Wie erfahre ich, was Fräulein Stein wirklich denkt?

Ich lebte allein in Göttingen. Frauen sah ich nur auf der Straße und einige wenige in Vorlesungen und Seminaren. Am häufigsten sah und hörte ich meine Zimmerwirtin, ein ständig keifendes Weib, das es mir persönlich übel nahm, wenn draußen schlechtes Wetter war.

Frauenkörper begegneten mir in der Anatomie. Es waren Zuchthäuslerinnen gewesen oder Leichen, die man nach Tagen aus dem Wasser gezogen hatte. Von daher gab es keinen Grund für mich, den weiblichen Körper für etwas besonders Anziehendes zu halten. Aber wie die Pflanzen im Mai mit ungeheurer Energie neues Blattwerk und Blüten hervortreiben, so fühlte ich in jenem Sommer auch etwas in mir vorgehen. Ich kaufte mir eine neue blaue Jacke, und aus irgendwelchen Gründen kam ich in diesen Monaten häufig an St. Albani vorbei. Meist war ich auf dem Weg zu Adolf Reinach, den wir Philosophen vielleicht weniger als Husserl schätzten, aber mehr liebten. Er hielt die Übungen in seinem Haus am Steinsgraben ab. Um dorthin zu kommen, hätte ich natürlich die breite Weender Straße entlang gehen können ...

Fräulein Stein und Fräulein Guttmann wohnten in der Langen-Geismar-Straße 2, da, wo die Straße endet und der Wall beginnt. Einige Meter neben ihrem Haus führen Stufen zum Albanikirchhof hinauf. Der Duft der Linden kam mir entgegen, der Lärm der Stadt blieb hinter mir zurück. Meistens zündete ich mir auf der Höhe der Nr. 2 eine Zigarette an. Dann sah ich zu den Fenstern der beiden Damen hinüber. Betreten habe ich die Zimmer natürlich nie.

Doch ich wanderte, obwohl ich eigentlich ununterbrochen hätte arbeiten müssen, stundenlang unter den Linden über den Wall. Der Duft betäubte mich. Visionen stiegen vor mir auf und vergingen.

Einmal sah ich Fräulein Stein in Richtung Albanikirche vor mir gehen. Sie schritt rasch aus, fest auftretend, ohne irgendwo zu verzögern. Natürlich hätte ich sie einholen können. Ich malte mir aus, was geschehen würde.

„Ach, Herr Lipps ..." Ich hatte manchmal schon mit Verwunderung ein freundliches Aufleuchten in ihren Augen registriert, wenn sie mich sah.

„Wie schön! Mir ging gerade wieder einmal durch den Kopf: Wenn Husserl in seinem neuen Buch doch nicht bei den irdischen Dingen stehen bleibt, woher nimmt er die Sicherheit, dass die Anschauung jenseitiger Phänomene unmittelbar und nicht durch Vorurteile getrübt ist?"

Sie war Atheistin. Ich wusste das. Meine Überzeugung war unklar und ich quälte mich damit. Sie schien so sicher. Also, was würde ich ihr antworten? Ich hätte einmal wieder nichts zu sagen.

Es waren nur noch wenige hundert Meter bis zur Albanikirche. Mir ging eine Vorstellung durch den Kopf – wie ein Film:

Ich hole sie ein, greife nach ihrer Schulter. Sie bleibt stehen. Dreht sich um.

„Ach, Herr Lipps –"

Bevor sie etwas sagen kann, nehme ich ihre Hände. Sie sind warm, gut durchblutet.

„Fräulein Stein, darf ich Sie nach Hause begleiten? Wenn das Schicksal uns hier schon zusammenführt, darf ich Ihnen dann auch etwas sagen?"

Sie stammelt: „Nein", zieht ihre Hände zurück und dreht energisch den Kopf zur Seite.

„Herr Lipps, wir wollten doch die Frage vom letzten Mal klären. Wie lässt sich vorurteilslos über Transzendenz reden?"

In dem Augenblick beginnen die Glocken von St. Albani zu läuten. Ich bin überzeugt, dass es eine Hochzeit ist. Die Braut sieht aus wie Fräulein Stein. Sie trägt ein weißes Kleid und der Schleier weht um ihre dunklen Haare, Lindenblüten fallen darauf. Und der Bräutigam sieht aus wie ich. Viel zu groß, viel zu blond, viel zu kräftig neben ihr. Außerdem heiraten Jüdinnen nicht in der Kirche, sondern vor dem Rabbi unter dem Baldachin.

Da war Fräulein Stein schon mit leichten, beschwingten Schritten vom Wall zur Straße hinuntergestiegen. Ich sah sie nicht mehr zu ihrem Haus hinübergehen. Am Weg stand eine Bank und ich blieb sitzen, bis die Glocken – es war wohl das Abendläuten, keine

Hochzeit – verklungen waren. Dann erinnerte ich mich an meine Arbeit und ging an Albani vorbei in mein Zimmer. Seitdem – ich gebe es zu – meide ich den Duft von Linden, schließe meine Fenster, wenn sie blühen, und vergrabe mich in philosophische Bücher.

Die Linden verblühten wie jedes Jahr. Ich beschäftigte mich mit vernünftigen Dingen: dem Aufbau der Pflanzen und der Frage nach dem Wesen der Sachen selbst. War mir das eine klarer geworden, entrückte sich mir das andere. Es schien ausgeschlossen, dass ich je ans Ziel kommen würde. Dazwischen schob sich immer wieder das Bild einer weiblichen Gestalt, die auf dem Wall vor meinen Augen verschwand – und ich blieb auf der Bank sitzen.

Schließlich war ich so zerstreut, dass ich bei einem Gespräch in der „Philosophischen Gesellschaft" das Zuckerdöschen – fein, aus Silber – mit dem Aschenbecher verwechselte. Das helle Lachen der Damen schreckte mich auf. Der Diener sah mich starr an. Ich wurde rot wie ein Backfisch. An dem Abend hätte ich zur Diskussion bestimmt nichts mehr beigetragen, wenn nicht ausgerechnet Fräulein Stein mich ständig dazu aufgefordert hätte. Wie immer fasste ich meine Meinung sehr knapp zusammen. Beim Husarenregiment, wo ich lange genug gedient hatte, war mir das schnörkellose Antworten zur Gewohnheit geworden. Aber sie fragte nach.

Ich wurde unsicher. Wahrscheinlich war es dumm von mir, zu behaupten, Traumbilder könnten ein Spiegel dessen sein, was sich auf dem Grund der Seele gebildet hatte. Was war das denn schon wieder für eine Sache, die „Seele"? Ein X, eine Unbekannte, ein Begriff, nicht besser als ein Herz, in die Baumrinde geritzt.

Ich verweigerte jede weitere Antwort. Ich fürchtete, in aller Verwirrung womöglich auch noch in deutlich sächsischen Ton zu verfallen, wie es mir manchmal passierte, wenn ich es am wenigsten brauchen konnte. Am Ende ging ich nach Hause wie einer, der das Bild von sich in den Scherben eines Spiegels davonträgt.

Sie sprach natürlich perfekt Hochdeutsch. Sie hielt das Tässchen geschickt in der kleinen Hand und jonglierte dabei noch mit dem Zuckerlöffel. Sie schien alles zu können. Mein armer Freund Mos verzweifelte fast darüber.

„Warum sie – und nicht ich?", fragte er mich. Ich konnte ihm natürlich am wenigsten Antwort geben.

In diesem Sommer löste sich unsere Gesellschaft auf. Fräulein Stein fuhr nach Breslau zurück. Als im Herbst das neue Semester begann, wohnte sie nicht mehr an der Albanikirche, denn ihre Freundin, Fräulein Guttmann, war in Breslau geblieben. Von niemandem außer Mos vermisst, denn sie hatte uns mitunter recht schroff zu verstehen gegeben, dass sie – als Mathematikerin – manche unserer philosophischen Probleme für aufgeblähten Firlefanz hielt.

Allein wollte Fräulein Stein nicht mehr in der Langen-Geismar-Straße wohnen. So ging ich andere Wege. Die Schillerstraße mied ich. Sie war zu weit abgelegen, und der Gedanke, dass sie dort ein Zimmer im Erdgeschoss bewohnte, zu dem man von der Straße separaten Zugang hatte, erschreckte mich. Ich wollte nicht in Versuchung kommen, an ihr Fenster zu klopfen.

Eigentlich ist es falsch, zu sagen, dass sie dort wohnte. Wohnen, das hieße: leben, sich beschäftigen, kommen und gehen, essen und schlafen. Aber sie – arbeitete. Als ich einmal fragte, zu welchen Zeiten sie arbeite (ich hatte mir da schon einen sehr eigenwilligen Tagesrhythmus angewöhnt), wollte sie nicht so recht mit der Sprache heraus. Sie wirkte geradezu bedrückt. Das reizte mich umso mehr, in sie zu dringen.

Und sie gestand: „Immer."

Morgens um sechs stand sie auf. Beim Frühstück lag ein aufgeschlagenes Buch neben ihr, auf dem Weg zum Seminar wiederholte sie auswendig, was sie gerade gelesen hatte; wenn es dunkel wurde, saß sie bei der Lampe bis Mitternacht. Zwischendurch hat sie dann wohl auch einmal geschlafen, aber auf dem Nachttisch lagen Zettel und Bleistift – falls ihr beim Aufwachen ein wichtiger Gedanke kam.

Sie wurde blass in diesem Winter. In ihren Augen flackerte eine Unruhe, die mir bis dahin noch nicht aufgefallen war. Sie wollte etwas wissen und suchte es in den Büchern der berühmtesten Psychologen und Philosophen. Aber sie fand nur einen unentwirrbaren Wust von Gedanken, die nicht aufeinander bezogen waren und keine Kette bildeten, an der sie hätte entlanggehen können. Ich spürte fast etwas wie Schadenfreude, als ich feststellte: Sie kam genauso wenig weiter wie ich. Wir quälten uns Tag und Nacht, aber die Wahrheit versteckte sich hinter immer neuen Windungen menschlicher Gedankenwege.

„Wenn vielleicht die Welt doch nur eine Erfindung unseres Gehirns ist?"

„Woher wissen Sie, Herr Lipps, dass unsere Augen denselben kahlen Baum sehen?"

„Was ermöglicht uns die Verständigung über die Blume oder den kleinen Vogel, der dort vorüberhüpft?"

„Warum, Herr Lipps, sind wir beide von den gütigen Augen unseres Herrn Reinach so tief beeindruckt? Was nehmen wir wahr, wenn wir ihn anschauen? Was ist die Voraussetzung dafür, dass wir wahrnehmen?"

Sie redete von ihrer Doktorarbeit. Kein Mensch wagte es, sich nach einem Semester Studium bei Husserl ein Thema für die Promotion zu holen. Sie tat es. „Das Problem der Einfühlung" beschäftigte sie nun Tag und Nacht – die Frage danach, wie mehrere Individuen durch die Verständigung über ihre Erfahrungen zur unmittelbaren Anschauung gelangen.

Unser Freund Mos erzählte mir, sie sei ganz verzweifelt. Er kannte dieses Gefühl so gut – vor einer Frage zu stehen und zwanzig Bücher vor sich zu haben, die jeweils eine andere Antwort darauf gaben. Wir hatten Mitleid und berieten, wie wir ihr helfen könnten. Um sie abzulenken, aber natürlich auch, um von ihrer

Arbeit zu profitieren, traf Mos sich jeden Sonntagnachmittag mit ihr. Er lief neben ihr durch die Stadt oder zum Nikolausberg hinauf und zermürbte sie dabei mit seinen Problemen, was sicher nicht unbedingt hilfreich für sie war. Er selbst ist am Ende daran zerbrochen. Mein Freund Mos nahm sich 1918 das Leben. So gefährlich kann die Liebe zur Philosophie sein ...

Aber Fräulein Stein war anders.

Ich traf sie öfter beim Essen in einem kleinen Gasthaus. Sie kam nicht regelmäßig dorthin, weil sie häufig vergaß, dass Essenszeit war. Ich setzte mich immer so, dass ich die Tür im Auge behielt, und wenn sie kam, wartete ich, bis sie irgendwo an einem kleinen Tisch Platz genommen hatte. In dem ziemlich dunklen Gastraum nahm sie meinen Freund und mich nur selten wahr, da sie sich auch nicht besonders aufmerksam umsah. Wir baten sie dann höflich an unseren Tisch, ihre Augen leuchteten auf, ganz kurz nur, dann kam sie und wir vertieften uns in Gespräche, wobei ich das Thema „Einfühlung" vermied.

Aber nach einem Husserl-Seminar im Januar, einem besonders dunklen Tag, an dem sie besonders blass aussah, sprach ich sie an: „Bitte kommen Sie noch mit zu mir und erklären Sie mir, was Sie herausbekommen haben."

Für höfliche Floskeln war kein Platz in unserer Gesellschaft. Sie verstand sofort und kam mit.

Wir rannten durch den Botanischen Garten, es wurde schon Nacht. Zum Langsam-Gehen fehlte uns die Zeit, weil die Gedanken immer vor uns her liefen. Lautlos schlichen wir an der Tür meiner Wirtin vorbei über die schmale Treppe in mein Zimmerchen. Als sie sich dort umsah, merkte ich erst, wie ärmlich die Einrichtung war: die Stuhllehne halb abgebrochen, das Wandregal verbogen unter der Last der Bücher, zu kurze Vorhänge an den Fenstern, ein erbärmlicher gelber Klapptisch, auf dem sich Papiere türmten. Ich sah mit ihren Augen – und erschrak.

Es war auch ein Sofa da. Wir hätten zu zweit darauf Platz gehabt. Aber natürlich setzte ich mich ihr gegenüber. Ich zog mir meinen Arztkittel an. Er war meine Uniform. Darin fühlte ich mich sicher.

„Also reden Sie!"

Ich wollte hören, nichts weiter. Sie sah sich mit großen Augen um.

„Haben Sie noch ein zweites Zimmer?"

„Ja." Ich wies mit dem Kopf auf die kleine Tür hinter mir, die in meine Schlafkammer führte.

„Ach", sagte sie.

„Natürlich ist es eher ein Käfig als ein Zimmer, aber mir reicht es, und außerdem kostet die Wohnung nicht viel."

Als ich meine Pfeife stopfte, brauchte ich sie nicht mehr anzusehen. Ich wartete auf ihren Vortrag.

„Jetzt verstehe ich, warum Sie so viel schlafen."

Sie wusste, dass ich versuchte, durch bis zu vierzehn Stunden Schlaf meine Konzentrationsfähigkeit zu erhöhen. Es war eine Art von Selbstversuch, mit dem ich natürlich scheiterte.

„Also: Was ist ‚Einfühlung'?"

„Das wissen Sie doch. Zwei Individuen sehen ein Ding, sagen wir also einen gelben Tisch. Die Wahrheit über diesen Tisch ergibt sich aus dem Vergleich ihrer Wahrnehmung, wenn ... Dazu sagen die Forscher ... Es hat sich aber auch die Meinung gebildet ... Beweise gibt es für ... Man könnte dagegen einwenden ... Ich bin zu der Überzeugung gekommen, dass ... Vor allem müsste man noch feststellen, ob ... Das Ergebnis hängt jedoch immer von der Voreinstellung der Individuen ab, weil ..."

Sie redete etwa eine halbe Stunde lang. Ich rauchte und zwischen uns war sehr viel blauer Qualm. Eine gewisse Schläfrigkeit packte mich. Um sie zu überwinden, erhob ich Einwände. Sie hörte mich an und wirkte irritiert. Mich packte die Lust, sie zu quälen. Ich stapelte Gegenargumente vor ihr auf. Ihre Stimme wurde immer leiser, verklang fast hinter dem Vorhang aus blauem Dunst.

„Aber Reinach hat mir Recht gegeben …", hörte ich sie sehr leise, fast kläglich sagen.

Da beendete ich das Spiel.

„Wenn Reinach das sagt, dann vergessen Sie alles, was ich gesagt habe."

In einem Roman – aber wir lasen natürlich keine Romane – wäre jetzt der Mann aufgestanden, hätte die Pfeife beiseite gelegt, ihren Kopf in seine Hände genommen und sie geküsst.

Ich blieb sitzen und rauchte die Pfeife zu Ende. Dann ging sie.

Manchmal begleitete ich sie nach einem zufällig gemeinsam eingenommenen Mittagessen zur Schillerstraße. Ich ging nie mit bis vor die Tür. Ich wollte die Tür nicht sehen. Fünfzig Meter davor reichte ich ihr die Hand. Sie drückte meine mit einer Festigkeit, die man ihr nicht zugetraut hätte.

Einmal – es muss Ende Februar gewesen sein und war noch bitter kalt, wir froren beide in unseren fadenscheinigen Mänteln – fragte sie plötzlich: „Und im Sommer? Was machen wir im Sommer?"

Wir? Ich starrte sie erstaunt an. Sie schlotterte ein bisschen. Mit blau gefrorenen Händen fingerte sie an ihrem Schal.

„Ach, ich dachte nur … Wer hat denn dann den Vorsitz in der ‚Philosophischen Gesellschaft'?"

„Ich werde nach Straßburg gehen, zu Professor Hering."

Ihre Augen schienen größer zu werden. Hatte ich wirklich noch nie davon gesprochen, dass dies mein letztes Semester in Göttingen war?

„Also – nach Straßburg."

Es waren Leute auf der Straße, die sich vor dem beißenden Wind nach Hause zu retten versuchten.

„Na, dann bis morgen."

„Ja, bis morgen."

Sie drehte sich langsam um. Ich rannte die Straße hinunter, über den Wall, in mein Zimmer, wo der gelbe Klapptisch stand und das Bett. Dann schlief ich ein paar Stunden.

Der Sommer kam, ich verließ Göttingen, ohne Abschied zu nehmen. Aber in Straßburg blieb mir nicht viel Zeit. Statt der Philosophie rief mich der Krieg in seinen Dienst. Ich war begeistert. Plötzlich gab es auf alle Fragen eine Antwort. Ich brauchte nur die Uniform anzuziehen. Und dann kamen Briefe, aus Göttingen. Die zurückgebliebenen Mädchen wollten auch ihre Antwort haben. Sie feierten uns als Helden und erwarteten, dass wir im Schützengraben die Wahrheit erkennen würden.

Wir dummen Kinder warfen uns in die Soldatenbrust und sagten: „Ja, das Vaterland ..." „Ja, die Ehre ..." „Ja, das Opfer ...", so als hätten wir nie gelernt zu philosophieren und zu fragen: Was ist das für ein Ding – das Vaterland? Was ist denn Ehre? Was ist Opfer?

Ich erfuhr, dass auch Fräulein Stein ihr Schlachtfeld gesucht und gefunden hatte. Irgendwo in einem Lazarett für Seuchenkranke, weit abgelegen in den böhmischen Wäldern, kämpfte sie ihren Kampf fürs Vaterland, rettete ihre Ehre, bereitete ihr Opfer. Ich wäre gern von ihr gepflegt worden, aber ich blieb unverletzt.

Sie fielen rechts und links von mir. Reinach war der erste. Und als er tot war, wäre ich ihm am liebsten gefolgt. Aber mir tat der Krieg gut. Ich schlief nicht mehr so viel und war umso wacher. Im Kanonendonner kamen die Fragen zur Ruhe. Konventionen, Zuckerdosen, gelbe Klapptische, keifende Wirtinnen – ich streifte es von den Schultern. Im Lazarett, als Arzt an den Betten der Sterbenden, lernte ich die Wirklichkeit kennen: den Tod. Und als ich ein Käuzchen aus einer französischen Kirche befreite und an mich gewöhnte, dass es bei mir blieb, da wusste ich: Das ist das Leben.

Vielleicht hat außer Fräulein Stein niemand meine Briefe vom

Krieg verstanden, denn ich schrieb nicht vom Sieg, auch nicht von Niederlagen. Ich schrieb immer nur von dem, was war: einer Grille, einer Schachtel Pralinen, einem japanischen Holzschnitt, den Fräulein Stein mir schickte und den ich in meinen Ruhestunden im Arztzimmer betrachtete. Sie schickte mir auch ein Buch über Relativitätstheorie und viel Süßes. Das aß ich im Unterstand, fütterte die Mäuse damit und erinnerte mich an das Sofa, den gelben Klapptisch und die dumme Pfeife, die ich immer weiter geraucht hatte.

Was würde ich wohl im Frieden machen?, fragte ich mich. Vielleicht sollte ich aufhören zu rauchen. Vielleicht schon im Urlaub.

## 4. Kapitel

Zu Beginn des 1. Weltkriegs meldet sich Edith Stein zum Sanitätseinsatz und reist 1915 nach Mährisch-Weißkirchen, wo sie im Seuchenlazarett Dienst tut. Anschließend kehrt sie nach Breslau zurück und arbeitet dort einige Zeit als Lehrerin. Nebenbei schreibt sie ihre philosophische Doktorarbeit für Professor Husserl, der inzwischen in Freiburg lehrt.

Auch später ist sie bei allen wichtigen familiären Ereignissen zu Hause und übernimmt die Pflege ihrer Schwester im Wochenbett. Bei dieser Gelegenheit teilt sie der Mutter mit, dass sie zum katholischen Glauben konvertiert ist.

Vor ihrem Eintritt in das Karmelitinnenkloster im Oktober 1933 besucht Edith Stein ihre Mutter zum letzten Mal.

## *Die Mutter (2)*

Nein, ich schweige nicht. Auch wenn die anderen meinen, sie wüssten alles über sie. Ich bin ihre Mutter. Und ich weiß mehr. Mich hat sie verlassen, das ist die ganze Wahrheit. Mich – und das Vermächtnis unserer Väter.

Hätte ich strenger sein sollen mit ihr? Auch den anderen habe ich erlaubt, ihren Beruf zu wählen, wenn sie klug und verantwortungsvoll dabei handelten – so wie Erna. Ich ließ es zu, dass Edith nach dem glanzvollen Abschluss der Mädchenschule nicht weiter aufs Gymnasium ging, weil ich spürte, dass sie noch Zeit brauchte.

Also schickte ich die Hochbegabte, Hochgelobte zu ihrer Schwester Else, auch in der Hoffnung, dass sie sich ein wenig mit Haushaltsführung beschäftigen würde. Aber sie lernte in der jungen Familie mehr, als gut für sie war.

Dabei schien es lange so, als wären Elses Träume von einem besseren Frauenleben in Erfüllung gegangen. Aus der jungen, schönen, von allen geliebten Lehrerin wurde plötzlich und völlig unerwartet die Braut meines Vetters Max. Ein Arzt mit gut gehender Praxis in Hamburg als Schwiegersohn? Ich war zufrieden. Es schien wieder einmal mit den Töchtern leichter zu gehen als mit den Söhnen. Und was für eine Aussteuer hat sie bekommen!

Wochenlang saßen wir über den Tischdecken und Handtüchern, selbst unsere Jüngsten wollten sticken und umhäkeln. Die ungeübten Fingerchen brachen fast ab. Aber ich ließ es gern zu, sah mit Freude in die vom Eifer roten Gesichter, sah sie schon die eigene Aussteuer besticken – ein Arzt war das Mindeste, warum nicht ein Professor oder einer, der es im Holzhandel noch weiter gebracht hatte als ich?! Aber erst einmal stickten sie für Else. Und wenig später arbeiteten wir an der Babyausstattung ... alles so, wie es sein sollte.

Doch dann kam sie aus Hamburg zurück, die Nerven zerrüttet, von ihrem Mann aus dem Haus gewiesen – wie kann es auch gut gehen in einem Haus, in dem der Sabbat nicht gehalten wird? Den Gott ihrer Väter haben die beiden vergessen. Ach, Elses Unruhe, diese Unzufriedenheit, die das schöne Gesicht entstellte! Sie ist mir immer ein Rätsel geblieben. Zu jeder Zeit wusste sie, was sie nicht wollte, aber nie, was sie wollte.

Dass sie nicht an meiner Seite bleiben würde, um den Haushalt und die Bücher zu führen, das wusste sie. Doch als sie Lehrerin war – welches Mädchen durfte damals schon Lehrerin werden! –, da wollte sie Max heiraten, und als sie Max geheiratet hatte, wollte sie ihm keine Ehefrau sein. Fremde Kinder liebte sie, aber den eigenen war sie eine schlechte Mutter. Arme Else! Und doch habe ich ihr Schicksal leichter ertragen als das der anderen Tochter, die plötzlich wusste, was sie wollte, ein für allemal, und nicht mehr abging von dem eingeschlagenen Weg – wie ihre Mutter. Ja, wie ihre Mutter. Nur der Weg war falsch!

Edith kam aus Hamburg zurück und wollte wieder zur Schule gehen. Es wurde ein Nachhilfelehrer bestellt, damit sie den Stoff aufholen und in die Oberstufe eintreten konnte.

Edith wollte studieren. Ich ließ ihr volle Freiheit bei der Wahl ihrer Fächer.

Wenn ich sie frisierte – ich tat es noch oft, obwohl sie es längst selbst konnte –, flocht ich meine Hoffnungen und Wünsche mit ein in das lange, inzwischen dunkel gewordene Haar. Viel gesprochen haben wir nicht über ihre Zukunft. Sie schien mir so sicher ihren Weg zu gehen, klüger, besser, selbstbewusster als ihre Schwestern und alle anderen jungen Mädchen, die ich kannte. Warum sollte ich mich sorgen? Ich hatte den Holzplatz, ich arbeitete mit meinen Leuten, im Sommer, im Winter, von früh bis spät, und wir verdienten das Geld, womit ich die Schule bezahlte, die Universität bezahlte, die Reisen bezahlte – auch noch für eine Freundin mit, wenn es sein musste. Ich hatte schließlich genug gerechnet, jetzt konnte ich es mir leisten, dass meine Kinder nicht rechnen mussten.

Auch Edith lebte sparsam, aber nie in Armut. Und das war für sie selbstverständlich. Ein Studium ohne sicheres Berufsziel? Psychologie? Philosophie? Unsere Verwandten schüttelten den Kopf. Wie ich das zulassen konnte? Ich liebte dieses Kind, mehr noch als die anderen. Ich glaubte an sie.

Was sagte mir der Name Husserl? Nichts. Aber ich habe gelernt. Selbst das schwere Wort „Phänomenologie" lernte ich aussprechen, als Edith mir erklärte, das sei der Weg die Welt zu erkennen. Ich überließ ihr die Erkenntnis, lernte nur die Namen, denn sie verriet uns nicht, was in ihren Büchern stand. Schon am frühen Morgen, wenn die anderen noch in den Betten lagen und ich auf den Holzplatz ging, las sie, strich an, schrieb ab. Was sie in den Büchern eigentlich suchte, wusste ich nicht. Als ich sie einmal fragte, sagte sie nur: die Wahrheit.

Ich habe die Wahrheit auf dem Holzplatz gefunden und in den einsamen Nächten, in denen ich mir die Herrschaft über die Zahlenkolonnen erkämpfte. Aber das war in ihren Augen nichts wert. Ich spürte es. Trotzdem hing sie an mir, vielleicht weil sie doch nicht zufrieden war mit dem, was in den Büchern stand. Von der Wahrheit unseres Volkes, dem „Höre, Israel, der Herr ist dein Gott ..." wollte sie aber so wenig wissen wie meine andern Kinder. Ich saß in der Synagoge immer allein.

Dann ging sie in die fremde Stadt zu dem Mann, den sie ihren „Meister" nannte, dem großen Husserl, dessen Name ich mir merken musste. Und ich merkte mir: Er war auch Jude. Und vom Glauben abgefallen.

Sie ging, weil sie mit ihren Lehrern nicht mehr zufrieden war, wie alle in Breslau wussten. Und noch weniger war sie mit den braven Studenten zufrieden, die lieber feierten, als die Vorlesungen zu besuchen. Niemand war ihr gut genug. Ich ließ sie gehen – und zahlte. Natürlich lebte sie sehr bescheiden und kleidete sich so einfach, wie es in unserem Hause üblich war. Die netten jungen Männer, die manchmal bei ihrem Anblick verliebte Augen bekamen, behandelte sie mit Herablassung und Gleichgültigkeit. Mir war es recht. Da musste schon ein Besserer kommen ... Zwar wollte mir fast das Herz brechen, als sie so einfach loszog, noch einmal aus dem Zug winkte und dann im Licht des Morgens verschwand, aber das merkte niemand. Mit wem hätte ich darüber sprechen sollen? Sie blieb ja doch mein Kind. Und sie würde wiederkommen. Das Haus und der Holzplatz in Breslau waren ihre Burg. Zum Feind übergehen – nein, das war unvorstellbar.

Sie kam zurück und ging wieder fort. Wir merkten kaum, ob sie da war oder nicht, denn sie entzog sich uns, so oder so, lebte in

Büchern, schrieb Arbeiten und ließ sich nur dann herauslocken, wenn die Kinder, die Nichten und Neffen, nach ihr verlangten. Sie pflegte die Kranken im Haus. Gleichzeitig lernte sie für irgendein Examen, ich wusste schon bald nicht mehr, für welches, und war plötzlich Lehrerin, examiniert, fertig! Was für eine Freude!

Nur – es ging weiter. Sie hörte nicht auf. Es kam mir vor, als könnte sie gar nicht mehr aufhören zu studieren. Irgendetwas trieb sie, und wenn ich sie fragte, warum, sah sie mich nachdenklich an und wusste selbst keine Antwort.

Ihr hübsches Gesicht wurde immer ernster, sie sah älter aus, als sie war. An den Vergnügungen der anderen hatte sie keine Freude. Was ich bei Nichten und Neffen erlebte, den so genannten Liberalen in unserer großen Verwandtschaft, das war ihr fremd: kein Tropfen Alkohol, keine durchtanzten Nächte, Spaß hatte sie auf Wanderungen und Ausflügen, in geselliger Runde, aber sie kam nie spät nach Hause, und morgens saß sie schon wieder über einem aufgeschlagenen Buch.

Ich war stolz auf sie. Es hat viele kluge Frauen in unserer langen Geschichte gegeben. Ich war sicher: Edith Stein würde einmal zu ihnen gezählt werden.

Darum wollte ich auch nicht, dass sie Schwester würde, als 1914 der Krieg ausbrach. Ich fürchtete um ihr kostbares Leben. Dieses eine Mal stellte ich mich ihr entgegen. Alle Begeisterung für die gute deutsche Sache konnte mich nicht davon abbringen, mein Kind zu schützen. Meine Argumente waren gut überlegt: Edith hasste nichts mehr als Ungeziefer an ihrem Körper – und ich schilderte ihr, mit wie viel Läusen die Verwundeten ins Lazarett gebracht würden und dass sie keine Chance hätte, sich dagegen zu schützen. Aber sie lachte nur. Es sei Krieg. Und da gehe es um mehr als Läuse.

Wir saßen am Esstisch, abends nach einem langen Arbeitstag. Mir brannten die Augen vom Staub und die Hände vom Holzverladen.

„Mit meiner Einwilligung gehst du nicht", sagte ich deutlich genug. Ihre Antwort? Ich höre sie noch, noch jetzt nach so vielen Jahren: „Dann muss ich es ohne deine Einwilligung tun."

Die Geschwister erstarrten. Das Ticken der Uhr schien plötzlich sehr laut. Wir hatten ja oft Streit miteinander, Rosa und Arno brachten es fertig, den anderen schlimme Schimpfwörter an den Kopf zu werfen, aber die Versöhnung blieb nie lange aus. Edith dagegen, seit sie kein kleines Kind mehr war, schrie nie, schimpfte nie, redete immer klug und beherrscht. Wenn es in der Familie darauf ankam, musste sie vermitteln und verhandeln, weil es immer in großer Sachlichkeit geschah und eine Begründung sinnvoll aus der anderen abgeleitet wurde: „... daher ...", „darum ...", „weil ...", „am Ende ..." So kannten wir unsere Jüngste, so argumentierte sie – und nun dies: keine Begründung, nur die schlichte Aussage „Dann muss ich ..."

Warum musste sie denn? Gab es nicht genug freiwillige Krankenschwestern, so viele, dass sie in Deutschland schon niemanden mehr brauchten und die Breslauer Studentinnen nach Österreich schickten? Mährisch-Weißkirchen, wo lag das überhaupt? 4.000 Betten, hieß es, alle Nationalitäten, und später erfuhr ich auch noch: Seuchenlazarett. Typhus.

„Dann muss ich es ohne deine Einwilligung tun."

In dieser Nacht habe ich nicht geschlafen. Ich kämpfte mit einem Engel wie Jakob, dem Engel der Mutterliebe, und er hat mich überwunden. Innerlich hinkte ich durch die kommenden Tage. Die Söhne, Töchter und Enkel gingen mir aus dem Weg. Stille lag über dem Haus. Selbst die laute Rosa dämpfte ihre Stimme, wenn ich hereinkam. Edith saß in ihrem Zimmer und lernte Griechisch. Das erfuhr ich von den anderen. Da begann ich aus dem Schrank die Handtücher zusammenzusuchen, weiße Schürzen und Taschentücher. Wir stickten gemeinsam den Namen hinein, und ich hätte gern geweint, aber ich machte mein Herz hart.

So ließ ich sie gehen, auch dieses Mal, und ich wusste nicht, was noch kommen würde. Was sie erlebt hat zwischen Kranken und Sterbenden, das hat sie mir nie erzählt. Sie verschloss es in ihrer Brust wie den Inhalt der Bücher, die sie las. Mir überließ sie die Arbeit im Geschäft, die Zahlenkolonnen in den Rechnungsbüchern und die Sorgen in der Nacht. Es war Krieg.

Wir haben ihn überlebt, aber nach diesem Krieg war nichts mehr wie vorher.

Zunächst ging bei Edith scheinbar alles so weiter, wie sie es plante. Das Seuchenlazarett wurde glücklicherweise schon 1915 geschlossen. Sie kam nach Hause. Elend, abgemagert, aber dagegen wusste ich ein Mittel. Ich triumphierte – heimlich. Statt ekelhaft eiternde Wunden zu verbinden, hat sie endlich unterrichtet, adrett gekleidet, sauber, von den Mädchen angebetet. Und gleichzeitig – eins allein reichte ja nie – schrieb sie ihre große Arbeit. Die Arbeit für Husserl. Die Doktorarbeit.

Morgens vor der Schule: lesen. Dann: unterrichten. Dann: Unterricht vorbereiten. Dann: schreiben. In den Osterferien wurde diktiert. Zwei Cousinen saßen in jeder freien Minute an der Schreibmaschine und hämmerten Buchstaben aufs Papier. Wenn ich einen Blick darauf warf, schien es mir eine fremde Sprache zu sein, was sie da schrieben. Wenn ich meine Nichten fragte, ob sie verstünden, was Edith ihnen diktierte, dann zuckten sie die Schultern.

Edith fragte ich nicht. Sie machte auch keine Versuche, mir zu erklären, wovon ihre große Arbeit handelte. Es schien alles ganz klar zu sein. Sie wusste die Wahrheit – und ich ging auf den Holzplatz. Immerhin verdiente ich damit so viel Geld, dass ich ihr in den Koffer für Freiburg ein seidenes Kleid legen konnte. Das sollte sie zur Prüfung tragen.

Sie freute sich wie ein Kind, schlang mir die Arme um den Hals und flüsterte: „In dem Kleid werde ich es bestimmt schaffen!"

Natürlich schaffte sie es, so gut, wie es überhaupt nur möglich ist. Und so gut, dass ihr Meister sie auch gleich brauchen konnte. Sie ging als seine Assistentin nach Freiburg. Wieder einmal ging sie fort. Wir brachten sie zum Bahnhof, winkten und sahen den Zug verschwinden. Dann ging ich auf den Holzplatz.

Manchmal kam ein Paket. Eine Zeitschrift darin. Oder ein Jahrbuch. „Dr. Edith Stein" hatte etwas geschrieben. Wir zu Hause blätterten darin, lasen hier einen Satz, dort eine Überschrift und legten das Ganze dann beiseite. Wenn ich abends im Sessel versuchte, mehr zu lesen und wenigstens einem Gedankengang zu folgen, dann fielen mir die Augen zu. Oder es schoben sich Bilder vom Holzplatz dazwischen. Zahlenreihen.

Wir zeigten die Artikel jedem Besucher, der ins Haus kam. Und alle waren voll Bewunderung. Aber keiner las.

Wusste ich deshalb nicht, wie verzweifelt sie war? Nein, in den gedruckten Schriften hat es sicher nicht gestanden. Und wie hätte ich es sonst erfahren sollen? Sie war ja weit weg. Und ihre Briefe klangen so wie immer. Ich hätte ihr auch nicht helfen können. Was konnte ich schon? Eine warme Suppe kochen, am Bett sitzen, einen kühlenden Umschlag machen ... Es ist so einfach zu helfen, wenn die Kinder klein sind. Aber wie hilft man den großen Kindern?

Später sagte sie: „Er hat meine Arbeit nie anerkannt."

Oder: „Es fällt mir schwer zu dienen, wenn ich mich dabei ausgenutzt fühle."

Nein, Dienen war nicht ihre Art. Sie war zu stolz dazu.

Vielleicht waren es auch nie die richtigen Herren.

Später einmal hat sie mir von diesem Riesen erzählt, der sich schwor, er wollte nur dem mächtigsten König dienen. Er wartete und wartete viele Jahre, bis eines Tages ein kleiner Knabe kam und ihn um einen Dienst bat. Als er das Kind durch den Fluss trug, merkte er, dass der mächtigste König der Welt auf seinen Schultern saß, und der Riese diente ihm mit Freuden.

Sie wollte mir damit etwas erklären. Ich habe es aber nicht verstanden. Oder doch? Hat sie mir die Geschichte erzählt, weil sie auch den einen Herrn gefunden hatte, dem sie dienen wollte?

Sie verließ Husserl und kam nach Hause, als Erna ihr erstes Kind erwartete. Die beiden Schwestern lebten in diesen Tagen ganz eng beieinander. Wenn ich abends an ihrer Zimmertür vorbeiging, hörte ich sie flüstern. Ich habe nicht gelauscht, aber ich hoffte, dass Erna nun endlich von einem Mann erfahren würde, der das stolze Herz meiner Jüngsten erobert hätte.
Aber es kam ganz anders.

Erna eröffnete das Gespräch.
„Mutter, Edith möchte dir etwas sagen. Es geht um Religion." Pause. „Sie will sich taufen lassen."
Ich erstarrte.
Die andern standen oder saßen im Zimmer herum. Es war ein Abend wie so viele im Familienkreis, gemischt aus lautstarkem Streit und wortlosem Einvernehmen. Aber da war es plötzlich still.
Edith kam leise herein und kniete neben meinem Sessel:
„Mutter, ich bin katholisch …"
Hätte ich sie fortjagen sollen? Hätte ich schreien sollen? Hätte es genützt?
Nichts davon. Nichts. Nichts. Gegen diesen Willen gab es keinen Widerstand. Sie war gestorben für den Glauben ihrer Väter – sie, meine Hoffnung, mein Leben, mein jüngstes, mein liebstes Kind.
Was habe ich alles ertragen! Wie viel Kämpfe durchgefochten! Die Schwiegertöchter, Elses Ehekrisen, Friedas Scheidung …
Ja. Aber zu Else nach Hamburg konnte ich fahren. Mit ihr konnte ich streiten – laut und heftig, wenn es sein musste. Elses Kinder konnte ich in den Arm nehmen und trösten, den kleinen Jungen lieb haben, den sie so heftig von sich stieß. Das war Leben

und Kampf – wir haben verloren und gesiegt. Am Ende war alles wieder in Ordnung – bis zum nächsten Streit.

Und auch die Scheidung – das Schlimmste für eine anständige jüdische Frau! Dabei hatte ich es als Glück angesehen, dass Frieda einen solchen Mann fand: einen Witwer, solide, wie es schien, aber eben nur schien. Und meine gute Tochter, nicht so begabt wie ihre Schwestern, aber treu, zuverlässig und sparsam, sie hat gelitten und ihren Kampf gekämpft. Schulden sollte sie machen, krumme Geschäfte decken – mit unserem guten Namen! Das tat sie nicht, das konnte sie nicht. Eines Tages sagte sie: „Ich halte es nicht mehr aus, Mutter." Und ich sagte: „Komm!" Wir nahmen den besten Rechtsanwalt, das konnten wir uns inzwischen leisten.

Es gab Verleumdungen und Beschimpfungen, angeblich gab es keinen Grund für eine Scheidung – und sie wollte doch nicht sagen: „Er ist ein Betrüger." Aber auch diesen Kampf haben wir gewonnen. Frieda blieb, und die kleine Erika wuchs heran mit ihren Tanten, im Streit und im Frieden. Manchmal begehrt sie auf wie alle, nennt mich einen Tyrannen und fordert Demokratie im Haus. Was weiß ein Küken von Demokratie? Wenn es der Henne nicht folgt, ist es verloren. Und wenn einer verloren ist, wenn einer vom rechten Glauben abfällt, ganz gleich, ob sein Körper noch lebt oder nicht, beten wir für ihn in der Synagoge die Totengebete.

Mit allen konnte ich streiten – nur mit der Jüngsten nicht. Da lag ein Glanz auf dem Gesicht, eine Sanftmut in den Worten, die mich hilflos machten wie den Stein, auf den Mose mit seinem Stecken schlug. Ich möchte mich öffnen, aber ich habe kein Wasser für sie – und wenn, dann wäre es bitteres Wasser.

„Aber Mutter, sie ist doch immer noch dein Kind", versuchten die andern zu trösten.

„Mein Kind – ?"

Der Verstand sagte: „Nein." Aber mein Herz folgte ihm nicht. Ja, sie blieb mein Kind. Ich hoffte immer noch, sie würde zurückkehren. Ich gab sie nicht auf. Ich hörte sie neben mir in der Synagoge beten – dieselben Texte, dieselben Psalmen, und es schien mir unmöglich, dass sie mich ganz verlassen könnte.

Sie kam auch weiterhin nach Hause. Erst selten, dann immer häufiger in den Ferien. Ich versuchte zu vergessen, dass sie an einer Klosterschule unterrichtete. Das war ja so weit fort, irgendwo am Rhein, es musste mich nicht interessieren. Hauptsache, sie war da, in ihrem Zimmer, den Kopf über ein Buch gebeugt.

Wenn wir sie auch kaum sahen in diesen Wochen: Es war ein guter Geist im Haus. Rosa und Frieda zankten leiser. Die Kinder schlichen sich in das Zimmer und quengelten so lange, bis sie alle Papiere beiseite schob und mit ihnen hinausging. Und manchmal hockte sie neben meinem Sessel und ließ sich von den Arbeiten auf dem Holzplatz erzählen und von früher, als ich noch alles allein geschafft hatte.

Wenn sie nicht da war, schrieb sie uns Briefe, immer einmal in der Woche. Es kam jedoch vor, dass sie es nicht mehr schaffte. Zu viel Unterricht, zu viele Schülerinnen, zu viele Aufsätze zu korrigieren, zu viele Vorträge zu halten. Dann waren für mich die Tage noch grauer, und in den Nächten träumte ich manchmal, dass sie fortging und in einem finsteren Keller verschwand.

Es gibt Träume, die gehen in Erfüllung.

Eines Tages kam sie wieder und hatte keine Arbeitsstelle mehr. Das beunruhigte mich nicht weiter. Sie konnte bei uns leben, solange wir etwas zum Leben hatten. Aber ich wusste, dass sie damit nicht zufrieden sein würde. Als wir allein am Fenster saßen und auf die Michaelisstraße hinuntersahen, fragte ich sie: „Und was wirst du nun tun?"

Ihre Antwort war kurz – wie ein Schwert, das mitten ins Herz trifft: „Ich gehe ins Kloster."

Da war es klar: Sie war eine Fremde geworden. Eine Verlorene. Ohne Mutter. Ohne Vater. Ohne den einen, einzigen Gott, der sein Volk aus Ägyptenland gerufen hat. Sie versinkt im Dunkeln der Geschichte – sie, die zu den Auserwählten gehörte wie Deborah und Judith und Esther. Da gibt es keinen Trost mehr. Auch ihre Briefe, gewissenhaft, pünktlich abgeschickt, können mich nicht mehr trösten.

Was nützen mir Briefe?

Ich bete die alten Klagelieder meines Volkes, aber mein Herz ist zu Stein geworden.

*Ewiger, höre mein Gebet, mein Flehen komme zu dir.*
*Verbirg mir nicht dein Angesicht am Tage, da mir eng ist,*
*neige mir dein Ohr, am Tage, da ich rufe,*
*schnell erhöre mich.*
*Im Rauch zergingen meine Tage,*
*meine Gebeine sind verglüht wie ein Brand.*
*Wie Gras ward mein Herz geknickt und welkte,*
*denn ich vergaß, mein Brot zu genießen ...*
*Einem schwindenden Schatten gleichen meine Tage,*
*und ich welke dahin wie Gras.*
*Du aber, Ewiger, thronst in Ewigkeit ...*

An meinem Sterbebett wird sie nicht sitzen.

## 5. Kapitel

Im Juli 1916 legt Edith Stein ihre Doktorprüfung bei Professor Edmund Husserl in Freiburg ab und arbeitet dann als seine Assistentin. Finanziell wird sie von der Mutter unterstützt.

Im Laufe der Zeit stellt sie fest, dass ihre Arbeit von Husserl kaum gewürdigt wird. Obwohl sie die Tätigkeit 1918 aufgibt, bleibt sie Husserl und seinem Schülerkreis, in dem sie ihre wichtigsten Freunde gefunden hat (Hans Lipps, Roman Ingarden, Hedwig Conrad-Martius), eng verbunden und versucht selbstständig wissenschaftlich zu arbeiten. Ihre Bewerbungen um eine Dozentur werden jedoch unter verschiedenen Vorwänden abgelehnt. Als Frau hat sie an den Universitäten keine Chance.

Zwischen 1918 und 1921 arbeitet sie intensiv mit Hans Lipps zusammen und hält auch in einer schweren Krise zu ihm. Die Pläne für eine gemeinsame Zukunft zerschlagen sich jedoch. Edith Stein wird Lehrerin in Speyer.

## *Der Freund (2)*

Im Sommer 1916 hatte ich Urlaub von der Front. Und Fräulein Stein machte sich auf den Weg nach Freiburg. Ihre umfangreiche Doktorarbeit war beim Meister schon angekommen. Jetzt wollte sie die Schulferien nutzen – sie war in Breslau eine richtige Lehrerin geworden –, um die mündliche Prüfung zu bestehen. Niemand aus unserem Freundeskreis zweifelte, dass sie es schaffen würde. Nur – Husserl hatte ihre Arbeit noch gar nicht gelesen ...

Ich stand auf dem Bahnhof in Dresden mitten im Gewühl. Sie kam mit dem Zug aus Breslau, pünktlich, wie verabredet. Wieder trug sie so ein dunkles Kleid mit irgend etwas Weißem. Mich sah sie zum ersten Mal in Uniform. Ein bewundernder Blick. Ich wuchs über mich hinaus.

„Fräulein Stein ...!"

„Herr Lipps ...!"

Sie war reifer geworden – und immer noch nicht verheiratet.

„Ihr Urlaub ist zu Ende?"

„Ja, zum Glück."

„Aber Ihre Mutter!"

„Mein Mutter versteht das."

Wir setzten uns ins Café. Es war sehr laut, und es wurde viel geweint an den anderen Tischen.

„Die Arbeit im Lazarett war sehr interessant für mich. Ich habe sie gern gemacht. Nur der Umgang mit den anderen Schwestern – und der mit den Ärzten – war schwierig. Es gibt Ärzte, für die ist jede Schwester ... nun ja, sie haben keinen Respekt vor der Würde der Frau. Das war ich nicht gewohnt."

Ich rauchte.

„Zu Hause ist auch alles in Ordnung. Meine Mutter hat es schwer im Geschäft. Aber sie ist eine ungeheuer starke Frau ..."

Die Ankunft unseres Zuges wurde angesagt. Wir hatten ein gemeinsames Stück vor uns – bis Leipzig. Aus den Fenstern der Waggons hingen die Soldaten, ihre Bräute klammerten sich an herabhängenden Armen fest. Schreiende Babys wurden herumgereicht und geküsst. Wir suchten uns ein leeres Abteil. Sie saß mir gegenüber, die Haare gescheitelt.

„Und – was hat Husserl zu meiner Arbeit gesagt?"

Sie wusste, dass ich den Meister, von Frankreich kommend, in Freiburg besucht hatte.

Ich wand mich.

„Nicht viel. Ich fürchte, er hatte noch keine Zeit, sie zu lesen."

Sie schluckte.

„Er nimmt die Packen Papier, die Sie ihm geschickt haben, manchmal in die Hand und zeigt sie Besuchern. Er lobt auch das Fräulein Stein, das ihm eine so große Arbeit geschrieben hat. Und dann tut er alles wieder in die schöne Mappe, die Sie angelegt haben."

„O nein! Er muss sie lesen! Ich habe doch nur in den Ferien Zeit. Wenn er sie nicht liest und ich die Prüfung nicht machen kann …"

Ich hätte sie trösten können, aber es war mir gleichgültig, wann sie ihren Doktortitel erhielt.

„Erzählen Sie mir von Ihrer Arbeit an der Schule!"

Sie erzählte von den leuchtenden Augen der Schülerinnen, wenn sie es geschafft hatten, einen Vergil-Text zu übersetzen oder wenn ihnen der Sinn eines Verses von Ovid aufgegangen war.

„Was für eine schöne Tätigkeit – Lehrer sein. Ich beneide Sie, Fräulein Stein. Ich fühle mich da minderwertig mit meiner Philosophie."

Sie war sehr erstaunt.

„Aber warum? Im Gegenteil. Das ist doch alles Routine, Alltag. Was Sie machen: Forschung, Vordringen zu neuen Ideen, zur Wahrheit – das ist es, was die Welt weiter bringt. Und dann Ihre Tätigkeit als Arzt …"

„Nein, nein, ich weiß, wovon ich rede. Nicht ich – Sie werden die Welt verändern."

Sie schüttelte den Kopf.

„Wie könnte ich – ich habe so viele Zweifel, so viele Fragen."

„Einige von unseren Leuten aus Göttingen behaupten von sich, sie hätten die Antwort gefunden. Ich hörte, es gibt welche, die gehen jeden Tag zur Messe, und wenn sie dann die Oblate zu sich genommen haben, gibt es für sie keine Fragen mehr. Können Sie mir das erklären, Fräulein Stein?"

Sie konnte es nicht, noch nicht. Aber nach einer Pause sagte sie: „Manchmal beneide ich jeden, der glauben kann."

Der Zug bremste ab. Leipzig. Wir waren allein im Abteil. Ich rauchte weiter.

„Davon verstehe ich nichts."

„Wovon?"

„Von der ‚Wahrheit des Glaubens', wie die Leute das nennen. Darum gehe ich auch wieder in den Krieg. Wenn ich etwas Besseres wüsste …"

Die Türen wurden aufgerissen, ich ergriff meinen Sack und drängelte mich hinaus. Sie stand noch am Abteilfenster.

„Viel Glück in Freiburg – *Fräulein Doktor!*"

„Sie hören von mir!"

Ich hörte: Promotion, Doktortitel, mit der bestmöglichen Note – so wie wir das erwartet hatten. Und dann hängte sie ihre Arbeit in der Schule, so schnell es nur ging, an den Nagel. Das Fräulein fühlte sich zu Höherem berufen – und zog nach Freiburg. Die Mutter durfte zahlen. Mütter haben oft eine grenzenlose Geduld. Und sie stürzte sich auf die Zettel, die unser großer Meister im Laufe von etwa zwanzig Jahren vollgekritzelt und nie geordnet hatte. Während ich nachts die Sterne zählte oder eine Katze im Arm hielt, die kläglich miauend um die Baracken des Lazaretts geschlichen war, saß sie in ihrem Zimmerchen und breitete Zettel vor sich aus.

„Es lässt sich nicht über das ‚Ding an sich', aber über das Ding ‚das erscheint' sprechen, das Phänomen."

So oder ähnlich stand es auf den Zetteln. Ich streichelte die Katze in meinem Arm und Fräulein Stein tat mir Leid. In ihren Briefen beschrieb sie mir sehr anschaulich ihren Kampf gegen das Chaos, das ein Genie nicht nur auf seinem Schreibtisch, sondern auch in der Gedankenwelt seiner Mitmenschen anrichtet.

Als ich das erste Mal wieder nach Freiburg fahren wollte, um den Meister, die Freunde und sie (oder umgekehrt: sie, den Meister, die Freunde?) zu besuchen, klappte es nicht. Meine Mutter in Dresden wurde krank, vielleicht scheute ich mich auch vor der milden Luft des Südens, den philosophischen Gesprächen und den großen, erwartungsvoll auf mich gerichteten Augen:

„Was sagen Sie denn dazu, Herr Lipps?"

Statt zu kommen und zu antworten, schickte ich ihr Orchideen. Mitten im Winter.

Ich liebe Orchideen. Sie riechen nach Schwermut und Tod. Außerdem gab es zu der Zeit keine anderen Blumen, und sie sollten doch kostbar sein, so kostbar wie die Gedanken einer klugen Frau.

Im Juli endlich klappte es dann für einen Tag. Ich fuhr über Freiburg zurück an die Front. Nachmittags machte ich mit Fräulein Stein einen langen Spaziergang aus der Stadt hinaus. Die Gegend war zum Philosophieren bestens geeignet, weil nichts uns ablenkte außer den Vögeln, die über den Wipfeln kreisten. Aber in meinen Ohren dröhnte das Donnern der Geschütze.

Als wir den stillen Waldweg entlanggingen, bat Fräulein Stein mich inständig, ihr zu erklären, wie mir auf dem Schlachtfeld Wirklichkeit „erscheine", was ich empfände, wie ich fühlte. Ich leugnete, dass der Krieg mich irgend etwas angehe.

„Aber, was geht Sie dann an, Herr Lipps? Sie müssen doch auch um Ihr Vaterland bangen, um seine äußere und innere Gestalt. Es kann doch nicht sein, dass Sie mitten im Krieg wie auf einem hohen Felsen sitzen und zusehen, als ob da nur Mäuse herumliefen, die vor dem Habicht fliehen."

Ich schwieg. Es wurde Abend, Waldesstille um uns, Eichendorff-Gedichte im Kopf: „Ich stand in des Waldes Schatten …", „Und meine Seele breitet weit ihre Flügel aus …"

„Als flöge sie nach Haus", sagte Fräulein Stein plötzlich laut und blieb stehen. Da lagen vor uns im milden Licht der untergehenden Sonne die Wiesen, ein Bach schlängelte sich hindurch, und wir hörten ihn reden.

„... nach Haus? Was ist das für ein Ding, Fräulein Stein: Zuhause? Träumen Sie von einer Wohnung mit Balkon und Blick ins Grüne? Einem Ehemann, der abends aus dem Büro kommt, die Beine unter den Tisch steckt und darauf wartet, dass Sie ihm das Essen servieren?"

„Nein", meinte sie, „so nicht."

„Ich weiß, Sie wollen einen Mann, der mit Ihnen morgens bei einer Tasse Kaffee das erste philosophische Problem löst, dann seine wissenschaftliche Arbeit von Ihnen korrigieren lässt und ..."

Sie hob abwehrend die Hand und lachte leise.

„Wissen Sie, was Husserl gesagt hat? Er will, dass ich bei ihm bleibe, bis ich heirate, und wenn ich heirate, dann muss mein Mann sein Assistent sein, die Kinder möglichst auch ..."

Mir fiel das französische Mädchen ein, das nachts in der zerschossenen Kirche zu mir gekrochen kam. Wir liebten uns ohne ein Wort. Im ersten Morgengrauen pflückte sie ein paar Gänseblümchen am Weg, brachte sie mir und lief dann übers Feld zum Dorf.

Fräulein Stein und ich gingen schweigend den Weg zur Stadt hinunter. Inzwischen leuchtete der Halbmond im Osten, und ein paar Sterne wagten sich hervor.

„Ich werde nie Assistent bei Husserl werden", sagte ich.

Sie lief ein wenig schneller, so dass ich mich beeilen musste, ihr zu folgen.

„Ich weiß."

Husserls erwarteten uns in der Lorettostraße, auch mein Freund Hering und andere aus unserem Kreis. Fräulein Stein nannte es die „Phänomenologenfamilie". Manchmal kam sie mir vor wie ein Glucke, die ihre Küken unter den Flügeln zusammenhalten wollte – selbst ein so vorwitziges und eigenwilliges Küken wie mich.

Einer, der sich gern unter ihren Flügeln verkroch, war Roman Ingarden, der kleine Pole mit dem flackernden Blick. Er wurde schnell zum Meisterschüler, während wir anderen uns im Krieg herumtrieben: Wegen eines Herzleidens war er vom Wehrdienst zurückgestellt worden und konnte darum mit dem Meister von Göttingen nach Freiburg ziehen. Er – nicht ich – wartete in der großen Halle der Universität, als Fräulein Stein ihre Doktorprüfung machte ...

Irgendwann im Winter 1917/18 muss es zwischen den beiden etwas Ernsthaftes, sagen wir mal: eine Liebesaffäre, gegeben haben. Ich erfuhr es erst später von den anderen „Familienmitgliedern". (Ein bisschen Klatsch schadet schließlich auch unter Philosophen nicht.) Ingarden ist jedenfalls völlig überstürzt im Januar 1918 aus Freiburg abgereist und Fräulein Stein wirkte wie zerbrochen. Das war kurz nach Adolf Reinachs Tod, und sie muss damals sehr gelitten haben. Ich bekam in dieser Zeit nur einige wenige Karten, keine Briefe, und spürte hinter den eher pflichtgemäßen Berichten eine große Distanz, die ich mir anfangs nicht erklären konnte. Was vorgefallen ist, habe ich nie erfahren (habe auch nie danach gefragt), aber ich war zufrieden, dass es nicht zu einer ernsthaften Bindung zwischen den beiden gekommen ist.

Als Arzt hielt ich Ingarden für nicht nur körperlich krank. Wie viele depressive Menschen erwartete er von seiner Umwelt, dass sie ihn ununterbrochen aufheitern, ständig für seine Gefühle Verständnis haben und seine Blindheit der Wirklichkeit gegenüber für Objektivität nehmen. Daran zerbrechen selbst seelisch stabile Menschen. Und Fräulein Stein schien mir gelegentlich von starken Selbstzweifeln zerrissen und wäre wohl mit ihm gemeinsam in die Nacht der Verzweiflung gestürzt.

Oder war ich nur eifersüchtig? Hätte sie es mit mir leichter gehabt? Wohl kaum ...

Später hat sie mit Ingarden viele Briefe gewechselt, aber uns gegenüber auch häufig über sein ständiges Beleidigtsein geklagt, seine unbegründeten Verdächtigungen: dass man ihn nicht verstehe, dass man ihn als Polen verachte, dass man ihm unberechtigterweise böse sei ... Kann sein, dass er ein Genie ist. Doch um Genies macht man besser einen Bogen, als Freunde sind sie ungeeignet. Aber als Ehemann hat er sich später bewährt: drei Söhne hat seine Frau ihm geschenkt. Und gerade als Fräulein Stein die Nachricht von seiner Heirat bekam, war sie tief erschüttert über einen anderen Mann – über mich.

Aber erst einmal ging der Krieg zu Ende. Mich erwischte noch eine Kugel am Arm und fast wäre ich in Gefangenschaft geraten. Lazarettaufenthalt. Alles lächerlich. Aber in meinem Kopf muss die Kugel etwas angerichtet haben, was ich mir selbst nicht erklären konnte. Die Wunde heilte schnell. Das Grauen blieb. Und die Gier nach Leben.

Aus dem Krieg nach Freiburg kommen, über den Marktplatz schlendern, das Geläut der Glocken vom Münster hören und zusammenzucken, weil man erst denkt, eine Granate habe eingeschlagen ... wer soll das verstehen, wenn er nicht mittendrin steckt? Ich sollte nun Arzt werden, Menschen heilen, die nicht zu heilen waren. Mich orientieren in einer Welt, die ich nicht kannte. Wie wir alle.

Auch Fräulein Stein wechselte die Seite und wurde Dienstmädchen im Hause Husserl.

Als er krank wurde, ordnete sie die Wäsche, erledigte Einkäufe, deckte den Tisch, während die liebevolle Ehefrau sich um ihren bettlägrigen Gatten kümmerte. Ich musste es glücklicherweise nicht mit ansehen, aber ich kann mir vorstellen, wie gut es Frau Malvine tat, die Meisterschülerin ihres Mannes herumzuscheuchen.

Als Husserl wieder auf die Beine kam, wurde Fräulein Stein mit Dank entlassen und nicht etwa zur Professorin gemacht. Husserls angeblich vorurteilsfreier Zugang zur Wirklichkeit stieß hier an eine deutliche Grenze. Frauen konnten zwar seine Schülerinnen sein, aber nie mehr. Die Papiere und Zettel, die sie geordnet hatte, hat später Martin Heidegger veröffentlicht. Er war der neue Stern an Husserls Philosophenhimmel, vor dem wir anderen alle verblassten. Und natürlich nannte er nur sich selbst als Herausgeber.

Ich kam nach Freiburg, philosophierte mit den Freunden, machte lange Spaziergänge – und schlief mit der Frau eines Kollegen. Im Frühjahr war sie schwanger. Ihrem Mann erzählte sie, das Kind sei von mir. Er hatte etwas dagegen. Der anschließende Prozess um die Vaterschaft, die Szenen mit der werdenden Mutter, die grausamen Vorwürfe, weil ich sie keineswegs heiraten wollte, die Verachtung der bürgerlichen Gesellschaft, auch der Philosophen – sie haben mich ruiniert.

Für den Prozess ging mein Vermögen drauf. Für den moralischen Fehltritt zahlte ich mit meiner bürgerlichen Ehre. Im Hause Husserl gab man mir nicht mehr die Hand. Als ein Gespräch über die Werte unserer neuen Republik geführt wurde, schnitt man mir das Wort ab: „Werturteile dürfen Sie nicht fällen, Herr Lipps. Das haben Sie verwirkt."

Ich reise ab.

Fräulein Stein war damals in Göttingen.

Sie war sehr blass, als wir uns trafen, gab mir die Hand und zog sie schnell zurück. Und sie sah zur Seite, wenn auf der Straße ein Kinderwagen an uns vorüberrollte. Trotzdem gab sie mich nicht auf.

„Also …", sagte sie.

Ich schwieg. Husserl hat mich immer einen großen Schweiger genannt, was meiner philosophischen Karriere nicht unbedingt zuträglich war.

„Darf ich etwas fragen?"

Ich würde nie jemandem verbieten, mich etwas zu fragen. Aber ob ich antworte, ist eine andere Sache.

„Lieben Sie Frau Clauss?"

Neben dem Vaterschaftsprozess lief nun die Scheidung des Ehepaares. Ich war dankbar für die 600 Kilometer, die zwischen Göttingen und Freiburg liegen. In meinem alten Zimmerchen nahe dem Botanischen Garten fühlte ich mich sicher.

Fräulein Stein sah mich an. Wir bogen gerade von der Oberen Karspüle in die Untere Karspüle, es war Abend, und die Berge rings um Göttingen hüllten sich in Dämmerung. Ich wäre gern wieder Student gewesen. Ohne Krieg. Ohne Prozess.

„Wenn Sie nicht wollen, müssen Sie nicht antworten."

Ich wollte nicht.

Dann sollte ich ihre neueste Arbeit lesen. Ich las sie und fand sie schlecht. Zu viel Philosophie. Zu viel Geschwätz. Wahrscheinlich hätte sie mich nicht um mein Urteil bitten sollen, denn mein Zugang zur Wirklichkeit war durch das Geröll der Wut versperrt.

Im Sommer 1920 trafen wir uns wieder. Finanziell war ich durch den Prozess ruiniert. Aber meine Wut war verraucht.

Göttingen an warmen Spätsommertagen: Wir arbeiteten Tag und Nacht. Auf den Bänken im Botanischen Garten drückten sich Liebespaare herum. Aus offenen Fenstern tönten Schlager: „Du, du, nur du allein …"

Wir philosophierten. Meistens redete sie, entwickelte einen Gedanken, logisch, klar, und ich hörte zu. Aber wenn ich dann einen Satz sagte, hob sie den Kopf und sah mich an, als hätte ich eine Götterbotschaft überbracht. Dabei wollte ich nur ehrlich sein.

„Hans, Sie müssen das aufschreiben. Wie weit ist das dritte Kapitel?"

„Ich habe gestern alles wieder durchgestrichen."

„Nein! Das dürfen Sie nicht!"

Ich schämte mich. Ihr hatten die sturen Herren Professoren die Lehrerlaubnis verweigert. Und dabei war sie klüger als drei von denen zusammen. Gleichzeitig kämpfte sie neidlos und aufrichtig für meine Karriere.

Hätte ich Worte gefunden, damals, ich hätte vielleicht von Dankbarkeit, Verstehen, Freundschaft, Zuneigung gesprochen. Aber ich fand keine Worte. Und so saßen wir über unseren Arbeiten und suchten die Wirklichkeit irgendwo hinter den Buchstaben, während draußen der Sommer verwelkte.

Andere gingen Hand in Hand. Wir stellten uns vor, wie wir Hand in Hand lehren wollten. Ich würde Professor sein, da war sie ganz sicher. Und sie als meine Assistentin könnte den „Kleinen", den Anfängern im Philosophieren, die Grundbegriffe beibringen.

Einmal hielt ich ihre Hand fest, als wir auf dem Weg vom Nikolausberg herunter fast im Matsch stecken geblieben wären. Eine kleine warme Hand, wie die Hand eines Kindes. Wir schwiegen.

Aber kaum hatten wir festen Boden erreicht, löste sie sich von mir, lachte leise und lief ein Stück vor: „Fang mich!"

Ich blieb stehen.

„Liebst du Fräulein Stein?", fragte mich meine Mutter in Dresden.

Müttern nicht zu antworten ist schwer. Sie haben uns auf die Welt gebracht und leiten daraus das Recht ab, alles über uns zu wissen.

„Ich weiß nicht, was das ist", sagte ich wahrheitsgemäß.

Da senkte sie den Kopf, und es kam mir vor, als ob sie weinte. Ich sah zum ersten Mal ganz bewusst ihren weißen Scheitel. Sie tat mir Leid, dass sie meine Mutter war.

Meine Mutter hat alles für mich getan, sogar meinen Kauz „Caruso" im Krieg gefüttert, solange es irgend ging, weil sie glaubte, dass ich ihn liebte. Vielleicht hatte sie sogar Recht.

Ich wäre gern ein besserer Sohn gewesen.

Im nächsten Frühjahr zog Fräulein Stein sich zurück. Nicht nach Breslau, wo sie von ihrer Mutter immer sehnsüchtig erwartet wurde, sondern nach Bergzabern. Dort gab es inzwischen eine philosophische Außenstelle, eine neue „Phänomenologenheimat": Zwei Philosophen hatten geheiratet: Hedwig Martius, unsere „Hatti", und Theodor Conrad, „Autos", der Selbstbewusste, wie wir ihn nannten. Beide arbeiteten für die Wissenschaft und verdienten zu wenig, um leben zu können. Philosophieren und Geldverdienen sind eben sehr unterschiedliche Künste! Mutig bezogen sie im Eisbrünnelweg ein Haus und bewirtschafteten eine Obstplantage. Dort gab es für alle „Familienmitglieder" Arbeit und Vitamine.

Ein Gästezimmer lag im Dachgeschoss mit Blick über die Obstwiesen – und dort fand Fräulein Stein Zuflucht. Dort stand mein Bild auf ihrem Schreibtisch, während ich in Göttingen weiter verbissen an meiner Arbeit schrieb. Und manchmal Briefe. In einem davon stand das entscheidende Wort: „Nein."

Vor der Apfelernte kam sie wieder. Sie wohnte wie immer bei ihrem Vetter Richard Courant, der schon Professor war und mir zu meiner Stelle verhalf. Glücklicherweise zogen Courants damals um und ich konnte mich wenigstens bei dieser Gelegenheit nützlich machen, um meine Dankbarkeit zu zeigen. Aber dass die Arbeit überhaupt fertig wurde, verdankte ich ihr.

Und habe es nie ausgesprochen.

Sie sagte kein Wort zu meinem Brief. Vielleicht war er verloren gegangen. Von Zukunft jedenfalls war zwischen uns nicht mehr die Rede, nur noch von Gegenwart.

„Es ist gut so, Hans! Selbst der Meister könnte es nicht besser formulieren."

„Der Meister! Der Meister! Wenn er wüsste, dass ich ihm in aller Öffentlichkeit widerspreche!"

„Von mir erfährt er es nicht."

Wir gingen „Am Steinsgraben" entlang, wo Reinach gewohnt hatte. Mitten auf der Straße blieb sie plötzlich stehen.

„Ich habe mich entschieden, katholisch zu werden. Am ersten Januar werde ich getauft."

„Ach. Wirklich?"

Sie wandte sich ab. Ich sollte wohl etwas sagen. Also tat ich erstaunt. „Wie ist es dazu gekommen?"

Sie schüttelte den Kopf und lachte: „Das brauchen Sie nicht zu wissen, Hans. Das ist mein Geheimnis."

Zum Abschied hielt sie meine Hand fest. Ihr Gesicht war schön, es lag ein Glanz darauf, den ich nicht kannte.

„Ich wünschte, Sie wüssten auch, wo Sie hingehören."

(Sie konnte nicht ahnen, dass Hatti mir schon geschrieben hatte: „Unsere Freundin will jetzt ganz Gott gehören. Ihr Bild, lieber Hans, ist von Ediths Schreibtisch verschwunden.")

Als die Arbeit schließlich fertig war und ich meine Stelle an der Universität antreten sollte, wurde erst einmal nichts daraus. Ich sagte bei meiner Antrittsvorlesung alles, was ich zu sagen hatte, und verabschiedete mich dann von den Studenten. Statt zu lehren, bestieg ich im November ein Schiff nach Ostafrika. Je weiter, desto besser, dachte ich.

Als Schiffsarzt saß ich bei fiebernden Matrosen, die nach ihrer Mama riefen. Kaum waren sie wieder auf den Beinen, verschwanden sie in schäbigen Bordellen und holten sich Syphilis. Mich ekelten der Schweiß und das Parfüm der Mädchen. Da beschloss ich zu heiraten. Nur eine Bedingung würde ich stellen: Meine Frau dürfte nie fragen, ob ich sie liebte.

Darum heiratete ich keine Philosophin, sondern eine Frau, die Cello spielte und tanzte.

Bevor ich meinen Vorsatz wahr machte, fuhr ich nach Speyer, wo Edith inzwischen im Internat einer Klosterschule lebte und katholische Lehrerinnen ausbildete. Ich lief, so wie sie es mir beschrieben hatte, vom Bahnhof Rheinstation zum Kloster St. Magdalena hinüber und klingelte an der Pforte.

„Veritas" stand über dem Torbogen. „Wahrheit."

Es dauerte ziemlich lange. Als sie kam, nahm sie mich nicht mit in ihr Zimmer, das gleich daneben im Pfortenhaus lag, sondern ging mit mir ein Stück durch den Garten, auf die Straße hinaus und an den reifenden Feldern entlang. Die neugierigen Blicke vieler brav gekleideter Mädchen folgten uns.

Sie erzählte von ihrer Arbeit, von der Freude an den Schülerinnen und ihrer Sehnsucht, noch tiefer in die Einsamkeit und Stille zu gehen – dahin, wo niemand mehr sie erreichen konnte. Nur Gott.

„Wo niemand Ihnen mehr weh tut", sagte ich.

Sie sah erstaunt auf.

„Vielleicht."

„Ich weiß, dass ich Ihnen weh getan habe."

Sie schüttelte den Kopf.

„Ich trage Ihnen nichts nach, Hans. Sie haben nie etwas versprochen. Vielleicht manchmal mit einem Blick, einer Blume – aber das war nur das dumme Jungmädchenherz, das darin ein Versprechen las."

Sie pflückte ein Gänseblümchen vom Wegrand und zerrupfte die Blüte. Ich brauchte sehr lange, bis ich es sagen konnte:

„Ich werde heiraten."

Sie nickte. Mehr nicht.

Dann gingen wir zurück. Schweigend.

Auf dem Hof spielten ein paar Mädchen mit dem Ball und riefen sich fröhliche Sprüche zu. Wir verabschiedeten uns.

„Ich werde jetzt in die Kirche gehen. Es ist Zeit zum Nachtgebet. Ich werde an Sie und Ihre – Braut denken und Sie der Gnade Gottes befehlen."

Sie lächelte, drückte mir kurz die Hand, drehte sich dann um und ging zur Kirche hinüber. Die Glocken begannen zu läuten.

Von allen Seiten strömten Mädchen und Frauen auf das weit geöffnete Portal zu. Zwischen ihnen verschwand meine Freundin im Dunkeln.

Christine, meine Frau, starb früh. Ich war wieder allein und hatte zwei kleine Töchter.
Aber da gehörte Edith schon einem anderen, einem, der stärker war als ich und auf dessen Liebe sie sich verlassen konnte.
Zumindest glaubte sie das.

# 6. Kapitel

In ihrem Lebensbericht erzählt Edith Stein von den ersten Erfahrungen, die in ihr das Fragen nach der Wahrheit des Glaubens wachriefen. So ist sie tief beeindruckt von der Begegnung mit einer Beterin im Frankfurter Dom. Später besucht sie in Göttingen Anne Reinach, die junge Witwe ihres verehrten Lehrers Adolf Reinach, und erlebt deren Glaubenszuversicht. 1921 hält Edith Stein sich längere Zeit bei ihrer Freundin, Hedwig Conrad-Martius, in Bergzabern / Rheinland-Pfalz auf. Dort liest sie die Lebensbeschreibung der heiligen Teresa von Avila. Am 1. Januar 1922 lässt sie sich in Bergzabern katholisch taufen.

## *Teresa von Avila*

Ich habe sie gerufen. Ich, Teresa de Jesus von Avila. Schon vierhundert Jahre rufe ich. Mein alter, von Krankheit geplagter Leib ist längst zu Staub zerfallen. Ein Nichts. Aber meine Stimme klingt durch die Jahrhunderte. Nicht, weil ich eine so großartige, so kluge Frau gewesen wäre. Nein, ich bekenne: Ich war keine Philosophin. Nachzudenken über die Erkenntnis der Wahrheit, das brauchte ich nicht. Ich wusste es von Anfang an, ich saugte es im katholischen Spanien mit der Muttermilch ein.

Bei uns hatte niemand ein Recht zu leben, der nicht bekannte, dass Gottes Wort die Wahrheit sei. Und genauso sicher war, dass allein die heilige Kirche das Wort Gottes auszulegen verstand. Das tat sie denn auch und verteidigte die Wahrheit – nicht immer mit Sanftheit und Liebe, sehr oft mit dem Schwert und mit lodernden Scheiterhaufen. Da gab es keinen Raum für Ungläubige, auch keinen Raum für Juden. Und meine Vorfahren waren Juden. Das war ein Makel auf unserer Familie, der meine unglücklichen Brüder dazu trieb, in das ferne, neu entdeckte Land jenseits des Ozeans zu reisen, um in Frieden ihren Wohlstand genießen zu können.

Mein guter Vater war zwar getauft und so fromm, wie man es sich von einem Familienvater nur wünschen kann, aber bösartige Menschen zweifelten immer noch an seiner Rechtgläubigkeit – wegen seiner Herkunft. Und dabei beteten wir doch so voller Inbrunst wie kaum eine alteingesessene christliche Familie – all die vielen Kinder, die um den Tisch saßen, den meine gute Mutter (katholisch! aus alter katholischer Familie!) voll Liebe gedeckt hatte.

Ich wusste es, wenn auch manche daran zweifeln mochten: Wir waren nicht schlechtere Christen als die anderen. Und weit, weit hatten wir uns entfernt vom jüdischen Glauben, vom Geschrei: „Kreuzige ihn!"

Als ich ein Kind war, weinte ich um den Leidenden, den am Kreuz ausgestreckten Mann. Der Priester hatte mich gelehrt, er trüge meine Schuld, weil ich oft vorlaut war, bockig, Widerworte gab, in der Messe an der Schleife des Mädchens vor mir zog. Ich wusste, dass ich auf ewig verdammt sein würde, weil ich nicht andächtig genug das Opfer Jesu für mich betrachtete.

Mein Bruder Rodrigo, der mir von allen meinen Geschwistern am liebsten war, sprach oft und lange mit mir darüber. Wir sahen im Bogen über der Kirchentür das Bild vom furchtbaren Jüngsten Gericht und betrachteten mit Angstschweiß auf der Stirn zwei kleine Gestalten, die in der tiefsten Tiefe der Hölle von widerlichen Teufeln mit Speeren gepeinigt wurden. Es war uns ganz klar: Diese eine Gestalt, die verzweifelt und hilfesuchend die Hände erhob, war ich; daneben die andere – mit den vors Gesicht geschlagenen Händen – musste Rodrigo sein. Wir waren verdammt wegen unserer großen Sünde. Wir müssten etwas ganz Besonderes tun, um am Ende doch noch die ewige Seligkeit zu gewinnen.

In den Heiligenlegenden lasen wir die Geschichten der Menschen, die von strahlenden Engeln ins ewige Licht geleitet wurden. Diese Heiligen hatten alle Großartiges gelitten: Folter, Tod auf dem Rost oder auf dem Scheiterhaufen. Wir lasen es mit Schaudern, erkannten aber, dass kein anderer Weg uns aus der Hölle retten würde. Darum sind wir losgegangen. Es war nicht weit bis zur Grenze, hinter der die heidnischen Mauren nur darauf lauerten, christlichen Kindern den Kopf abzuschlagen. So machten wir uns auf, mein tapferer Bruder und ich, um uns durch den Märtyrertod das ewige Heil zu verdienen.

Aber schon an der nächsten Brücke stand einer unserer vielen Onkel herum, fragte, wohin wir wollten, und als wir es sagten – führte er uns schnurstracks wieder nach Hause.

*Da ich nun die Unmöglichkeit einsah, dahin zu gelangen, wo wir für Gott den Tod erleiden könnten, so beschlossen wir Einsiedler zu werden. Wir suchten also in einem Garten, der beim Hause war, so gut wir es vermochten, Einsiedeleien zu bauen, indem wir kleine Steine aufeinander legten. Da aber diese immer gleich wieder zusammenfielen, so fanden wir auch hier kein Mittel mehr, unser Verlangen ins Werk zu setzen …*

So begann meine Suche nach dem, was mich zur Wahrheit, zur ewigen Wahrheit führen sollte.

Jahrzehnte hat es gedauert. Auch im Kloster, auch bei täglichen Gebeten und Messen wusste ich nie: Ist es das, was Gott von mir will?

Ich galt als fromm, aber ich kannte mich besser. Ich kannte die abfälligen Gedanken, die ich über meine Mitschwestern hatte. Ich war unkonzentriert, wenn es um das Heiligste ging. Ich war neidisch auf andere, die besser beteten, besser Bescheid wussten. Eitel war ich auch und suchte die Freundschaft vieler bedeutender Menschen, mit denen ich kluge Gespräche zu führen meinte.

Aber in all meiner Unvollkommenheit, mit der ich tagtäglich

meinen Herrn in seiner Majestät beleidigte, machte er mir ein Geschenk von ungeheurer Größe: Er schenkte mir seine Gegenwart, das Wissen um seine Nähe und seine Gnade. Ich durfte ihn so innig spüren, dass ich ganz still wurde. Mein tief inneres Beten und Rufen verwandelte sich in ein noch tieferes Schweigen, in dem Gottes Stimme hörbar wurde.

*Darauf sprach er zu mir: „O Tochter, wie wenige lieben mich in Wahrheit! Wenn sie mich liebten, so würde ich ihnen meine Geheimnisse nicht verbergen. Weißt du, was es heißt, mich in Wahrheit zu lieben? Es heißt erkennen, dass alles, was mir nicht wohlgefällt, Lüge ist." ... In mir blieb ein besonderes Verlangen, von nichts, als nur von ganz wahren Dingen zu reden, die weit erhaben sind über das, wovon man in der Welt redet, und es ward mir deshalb das Leben in ihr zur Pein ... aber ich erkannte doch das große Gut, welches in der Nichtachtung alles dessen liegt, was uns Gott nicht näher zu bringen vermag, und so begriff ich auch, was es sei, wenn eine Seele in Wahrheit vor der Wahrheit selbst wandelt. Was ich hier erkannte, hat mir der Herr, welcher die Wahrheit selbst ist, zu verstehen gegeben.*

Wie lange hat es gedauert und was habe ich kämpfen müssen, ehe mir all die Beichtväter und gelehrten Theologen zugestanden, dass ich in meinem Beten wirklich Gott und nicht etwa dem Bösen begegnete. Sie wollten es nicht glauben, ich war ja nur eine Frau. Sie wollten es nicht für wahr halten, ich hatte ja nicht studiert. Einige hätten mich gern vor die Inquisition geschleppt oder mich irgendwo in einem Kloster ausgepeitscht, wie sie es mit meinem Seelenfreund Johannes vom Kreuz taten. Aber ich kämpfte, kämpfte. Ich sagte es ihnen immer wieder: Es ist die Wahrheit. Der Weg zu Gott steht jeder Seele offen. Gott will uns besuchen.

Meine Botschaft war so einfach und für die Gelehrten so schwer: Wenn wir lernen zu schweigen, dann redet Gott.

Ich musste ihnen mein ganzes Leben erzählen. Nächtelang saß ich an meinem Tisch und die Feder kratzte übers Papier. Ich sollte erklären, erklären ... Und die, die verstehen wollten, hatten doch schon verstanden. Sie lebten in den Klöstern, die wir gründeten, in stiller Sammlung, hörend, wenn andere redeten, schweigend und betend.

Keine ging dorthin, nur weil sie eine krumme Nase hatte und deshalb keinen Mann fand, oder weil sie zu faul war, Kinder zu bekommen. Keine Frau ging dorthin, die nicht den Ruf Gottes in ihrer Seele gehört hatte.

Auch Männer fanden sich zusammen, schweigend und ehrfürchtig, anfangs verfolgt und verachtet, aber die Kraft der Stille machte sie so stark, dass niemand ihnen etwas anhaben konnte. Man nannte uns die „Unbeschuhten", weil wir Ernst machten mit den Worten Jesu, der seine Jünger scheinbar schutzlos den Gefahren des steinigen Weges aussetzt. Aber wie nahe ist unser Herr in seiner Majestät bei uns und welches Glück schenkt er uns noch in der größten Not, wenn seine Gegenwart die Seele erfüllt!

So drang meine leise Stimme hinaus aus der Enge meiner Zelle, aus der Nacht in den Tag, aus der Stille in den Lärm der Häuser.

Drang durch die Jahrhunderte. Wurde gedruckt, wurde übersetzt, wurde gelesen, beiseite gelegt, von neuem gelesen: was ich erlebt habe, was ich gelitten, gesucht, wie ich mich gequält habe, alles, was ich aufschreiben musste, damit es die geistlichen Herren prüfen konnten ... Ein dickes Buch ist daraus geworden. Wenn meine Hand müde wurde, dann hat Jesus selbst sie geführt.

*Ich kann nur sehr wenig beim Schreiben verbleiben und mich nur auf kurze Augenblicke dazu niedersetzen, so sehr ich auch wünschte, es mit Muße tun zu können; denn dann geschieht es leichter und fällt auch besser aus, vorausgesetzt, dass der Herr den Geist dazu verleiht. Ist es doch alsdann, als hätte man ein Muster vor sich, nach welchem man seine Arbeit fertigt. Mangelt aber dieser Geist, so kann man diese Sprache ebensowenig sprechen als sozusagen die arabische ... Daher scheint es mir ein großer Vorteil zu sein, wenn ich mich während des Schreibens im Gebete befinde; denn da sehe ich klar, dass nicht ich es bin, die das sagt, was ich schreibe, weil ich es weder mit dem Verstand ordne, noch auch nachher weiß, wie ich es so richtig habe ausdrücken können.*

So wurden meine Worte von meinem Herrn zuerst geprüft, und darum war es mir schließlich kaum noch wichtig, was die selbsternannten geistlichen Herren darüber befinden würden.

Am Ende hatten sie nichts einzuwenden. Und es entstand Kloster um Kloster, Jahr für Jahr, Jahrhundert für Jahrhundert – in Spanien, in Frankreich und auch in Deutschland … Junge Frauen folgten meinem Ruf und suchten, was ich gesucht hatte: die Freundschaft Gottes.

Und nun – nach so langer Zeit – habe ich sie gerufen: Edith Stein, die meine Schwester werden sollte.

An jenem Tag war sie lange gegangen. Über den Bergen senkte sich die Sonne. Vögel suchten ihr Nest. Blütenblätter schlossen sich vor der Nacht. In den Obstbäumen reiften, geschützt vom dichten Blattwerk, die Früchte dieses Sommers. Ein Summen in der Luft begleitete die einsame Wanderin auf dem Heimweg. In den Häusern rechts und links an der Straße gingen die Lichter an, Kühle stieg aus dem Tal.

Sie betrat ein stilles Haus. Die Freunde waren ausgegangen, ein Teller mit Früchten stand noch für den Gast bereit. Sie machte kein Licht, ließ der Dämmerung Raum.

Gedanken kamen und gingen. Stationen ihres Lebens erstanden vor ihren Augen, reihten sich aneinander und stellten die Frage, immer drängender: Was ist das eigentlich – dein Leben? Was soll daraus werden? Ist das alles: ein Suchen und Wandern durch die im Frühsommer aufleuchtende Natur? Allein?

Ich kannte sie so gut, diese Fragen. Ich kannte die Hindernisse, die ihr im Weg lagen, und die tiefen Verwundungen, die das Leben ihr beigebracht hatte: zerschlagene Hoffnungen, abgewiesene Liebe ...

Jahr um Jahr war vergangen. Sie wusste nicht, wo ihr Platz war. Überall war sie Gast, Reisende, überall zu Hause und nirgends wirklich geborgen.

Sie hatte begreifen müssen, dass immer noch galt, was schon zu meiner Zeit gegolten hatte.

Frau zu sein bedeutete: keine Chance auf einen Lehrstuhl an der Universität.

Philosophin zu sein bedeutete: keine Chance auf einen Ehemann.

Den besten Freunden war sie eine interessante Gesprächspartnerin. Sie baten um Hilfe. Sie ließen sich beraten. Sie schickten auch mal Orchideen. Weinten sich aus. Mehr nicht. So begabt sie sein mochte: Dem großen Meister diente sie nur als Handlangerin. Sie hatte versucht, Ordnung in seine Gedanken zu bringen – und er hatte sich in immer neue Richtungen verströmt. Was er gelehrt hatte und was ihr wie eine Offenbarung aufgegangen war, schien schon nicht mehr zu gelten. Wie sollte sie ihm folgen? Wem sollte sie folgen? Die andern sprachen von Gott. Und sie fragte, wie ich gefragt hatte, so viele Jahre vor ihr: Was heißt das – Gott?

Sie ahnte nicht, wie nah sie schon gewesen war. Ich hatte sie gesehen – damals, als sie in den Dom ging, angeblich nur, um die Kunstschätze zu besichtigen. Ich spürte ihre Sehnsucht. Und sie hörte meine Stimme, ganz leise nur, als sie stehen blieb und die Frau beobachtete, die hereinkam, ihre schwere Einkaufstasche abstellte, in die Bank rutschte und in einem stillen Gebet versank. Da blickte sich die Philosophin nicht mehr nach den Kunstwerken um, sondern versank in tiefes Nachdenken. Die Beterin indessen stand ohne Hast wieder auf, bekreuzigte sich, griff nach der Tasche und verschwand im Gewühl der Straße. So als hätte sie einen Besuch gemacht.

Ich gab der Fragenden Antwort, als sie voller Sorge in den grausamen Kriegsjahren zum Haus des geliebten Lehrers ging.

Reinach war gefallen, und es blieben nur seine Schriften, hingekritzelt im Unterstand, kurz bevor tödliche Kugeln ihn zerrissen. Und es blieb seine Frau ... Ich spürte ihre Angst.

Klingeln. Die Hand zittert. Wie kann sie als junge, unverheiratete Philosophin der anderen begegnen, die mit ihrem Mann alles verloren hat: Sicherheit, Hoffnung, Liebe?

Sie lauscht auf die Schritte, die sich der Tür nähern. In der Straße ist es still. Vor dem Regen und der Not des Krieges haben die Menschen sich in ihre Häuser geflüchtet, wartend, was nun noch Schreckliches geschehen würde. Im matten Licht der Flurbeleuchtung sieht sie angstvoll in das vertraute Gesicht. Nein, es ist nicht verzerrt von Hass und Verzweiflung. Nein, die Trauernde geht langsam, spricht langsam, streicht mit einer langsamen Bewegung das Haar aus dem Gesicht, aber ...

„Er ist bei Gott", sagt sie. „Ich weiß es. Du wirst lesen, was er geschrieben hat, Edith, und du wirst staunen, wie weit ein Philosoph in seinem Glauben wachsen kann. Nein, ich bange nicht um ihn. Es ist schwer, ja, unendlich schwer. Aber – am Ende wird Freude sein."

Die beiden Frauen gehen ins Zimmer. Alles ist unverändert: der Sessel am Fenster, der Blick in den Garten.

„Ich sehe ihn noch dort sitzen", sagt Anne Reinach und drängt die Freundin auf einen der unbequemen Stühle. „Ich sehe ihn dort – und er sieht mich an und sagt: ‚Anne, du weißt es doch – da geht es hindurch. So wie der Gekreuzigte hindurchging durch die lange Nacht des Todes bis zum Ostermorgen. Wir folgen ihm.'"

Im trüben Licht des Nachmittags schimmern die Haare der jungen Witwe grau. Aber die Augen beginnen zu leuchten.

„Edith, er hat die Wahrheit gefunden. Und ich weiß, dass auch ich in dieser Wahrheit geborgen bin."

Da hat sie meine Stimme gehört. Den beiden Frauen in ihrer Trauer und ihrer Zuversicht war ich eine Schwester. Aber sie wussten es noch nicht.

Die Bilder sind verblasst. Immer noch ist sie hier: bei den Freunden in Bergzabern. Immer noch auf der Suche. Sie nimmt die Dunkelheit im Zimmer wieder wahr. Es ist Zeit, die Stehlampe anzuschalten. Im Sessel sinkt sie in sich zusammen. Draußen die Nacht und drinnen die Einsamkeit.

Sie könnte nach Hause fahren zu ihrer Mutter, den Kopf in den Schoß der alten Frau legen und weinen: „Ich weiß nicht mehr weiter."

Aber was würde die Mutter tun? Ihr übers Haar streichen und einen vernünftigen Vorschlag machen: „Kannst du nicht morgen den Kindern bei den Hausaufgaben helfen?" Oder: „Erna ist so erschöpft und Hans ist krank. Wie wäre es, wenn du …"

Nein, sie will nicht nach Hause, nicht so, ohne zu wissen, was aus ihr werden soll. Nicht, nachdem sie mit höchsten Ehren promoviert hat, Assistentin des großen Husserl war. Es muss doch noch etwas anderes geben. Auch für sie.

Im Lichtkegel der Stehlampe liegt ein Buch auf dem kleinen Tisch neben dem Sessel. Sie hat es selbst dort hingelegt, beiseite gelegt, um es später zu lesen. Das Buch meines Lebens: „Das Leben der heiligen Teresa von Avila, von ihr selbst erzählt".

Sie blättert darin und erkennt: Da gibt es jemanden, der etwas weiß von seinem Leben. Wenn *sie* von ihrem Leben erzählen sollte – was käme dabei heraus? Leere Seiten, nur Fragezeichen.

Sie greift nach dem Buch. Ratlos.

Da endlich hört sie meine Stimme.

Draußen geht der Wind über die Höhen, ein leichter Sommerwind. Drinnen lauscht Edith Stein den Worten, die ich vor langer Zeit niederschrieb.

*Mein Gott, wie staune ich über die Härte meiner Seele, da ich doch so vielfache Hilfe von ihm empfing! Wenn ich bedenke, wie wenig ich über mich vermochte und in welchen Fesseln ich mich befand, die mich von dem Entschlusse, mich ganz Gott hinzugeben, zurückhielten, so machte mich das furchtsam. Ich begann also die Bekenntnisse des heiligen Augustin zu lesen. Dabei kam es mir vor, als sähe ich mich selbst darin geschildert ... Als ich aber zu seiner Bekehrung kam und las, wie er jene Stimme im Garten hörte, da meinte ich nicht anders, als dass der Herr die nämliche Stimme auch mich in meinem Herzen vernehmen ließ. Ich zerfloss eine gute Weile ganz in Tränen, während mein Inneres große Betrübnis und Pein empfand.*

Sie hält einen Augenblick inne, dann blättert sie weiter.

*Ja nicht in Vergießung von Tränen, nicht in jenen Süßigkeiten und zärtlichen Andachtsgefühlen, wonach wir meistens verlangen und worüber wir uns freuen, besteht die Liebe Gottes, sondern darin, dass wir ihm dienen in Gerechtigkeit, mit Seelenstärke und in Demut. Ersteres wäre meines Erachtens mehr ein Empfangen als ein Geben.*

Im Wohnzimmer schlägt die Uhr Stunde um Stunde.

*O Herr meiner Seele, hätte ich doch Worte, um zu erklären, was du denen gibst, die sich dir anvertrauen, und was diejenigen verlieren, die bis zu diesem Stande gelangen und dennoch nicht von sich selbst lassen! Lass, o Herr, dies nimmermehr an mir geschehen!*

Die Sterne werden blass. Erster Lichtschein schimmert über die Ebene.

*Seine Majestät wolle verleihen, dass die außerordentliche Freigebigkeit, welche sie mir armen Sünderin erzeigte, denjenigen, die dieses lesen, ein Antrieb sei, sich zu ermutigen und Gewalt anzutun, um aus Liebe zu Gott alles ganz und gar zu verlassen; denn seine Majestät vergilt so reichlich, dass schon in diesem Leben der Lohn und Gewinn klar zu sehen ist, welcher denjenigen zuteil wird, die ihr dienen. Was wird ihnen erst im anderen Leben zuteil werden?*

Die Vögel erwachen, ein leuchtender Sommermorgen weckt Mensch und Tier.

*Sieh, hier ist mein Leben, meine Ehre und mein Wille: alles habe ich dir schon übergeben; dein bin ich; verfüge mit mir nach deinem Wohlgefallen. Ich sehe zwar, o mein Herr, wie wenig ich zu tun imstande bin; aber wenn ich in deiner Nähe auf jenem Turme stehe, von dessen Höhe aus man die Wahrheit schaut, und wenn du nicht von mir weichst, so vermag ich alles.*

Die Freunde finden Edith schlafend im Sessel, das Licht brennt. Ihr Bett im Dachstübchen ist unberührt.
„Was ist mit dir passiert? Hast du die ganze Nacht Teresa von Avila gelesen?", fragt die Freundin später. Edith wehrt ab.
„Lass mir mein Geheimnis!"

# 7. Kapitel

In den Jahren 1923 bis 1933 hält Edith Stein Vorträge im In- und Ausland. Weil diese Tätigkeit auf die Dauer mit den Verpflichtungen an der Schule in Speyer nicht vereinbar ist, gibt sie ihre Stelle 1931 auf. Ein Jahr lang lehrt sie am Deutschen Institut für wissenschaftliche Pädagogik in Münster, einer Einrichtung der katholischen Kirche.

Am 1. und am 4. April 1932 werden im Bayerischen Rundfunk zwei Vorträge von Edith Stein unter dem Titel „Mütterliche Erziehungskunst" gesendet. Am 25. Juli spricht sie auf einer Tagung der katholischen Jungmädchenvereine („Weiße Rose") in Augsburg vor ca. 1000 Zuhörern. Wenige Tage später, am 31. Juli 1932, finden Reichstagswahlen statt, aus denen die Nationalsozialisten als Sieger hervorgehen.

## *Die Hörerin*

Ich weiß es noch genau: Draußen wirbelten Schneeflocken die Straße entlang. Mutter saß am Fenster. Obwohl das Licht trübe war, versuchte sie zu nähen, ohne die Lampe anzuschalten. Wir mussten sparen.

Vater war ins Büro gegangen. Das wurde nicht mehr geheizt, seit er seine Arbeit verloren hatte. Wir hörten ihn bis in den ersten Stock hinauf husten.

In diesem Winter war meine Mutter grau geworden. Vaters Entlassung im Herbst, die Not des Winters, die Unsicherheit, was aus uns Kindern werden sollte, die Angst um Vaters Gesundheit –

das alles hatte sie nicht schlafen lassen. Und da wir zu stolz waren, beim Kohlenhändler anschreiben zu lassen, hatte sie auch zu viel gefroren. Nun hofften wir auf den Frühling …

Es war April, aber draußen tanzten Schneeflocken.

„Mach das Radio mal an", sagte Mutter.

Wir hörten den Bayerischen Rundfunk, es war kurz vor halb Vier. „Stunde der Frau" stand im Programm – ich wusste es auswendig und wollte eigentlich schon aus dem Zimmer gehen. Da hörte ich eine unbekannte Stimme.

Oft sprach in der „Stunde der Frau" jemand über die Bedeutung des Kuchenbackens, es wurden Rezepte mitgeteilt oder in rührenden Geschichten die Macht der Liebe gepriesen. Das kannte ich alles schon und sah – wie jeder andere auch – auf der Straße die verhärmten Gesichter der Frauen, die nicht wussten, wie sie ihre Kinder satt bekommen sollten. Darum wollte ich lieber lesen und warten, dass es endlich aufhörte zu schneien – der Winter war doch lang genug gewesen.

Aber die Stimme an diesem Freitag klang anders. Es ging auch nicht ums Kuchenbacken. Später haben Mutter und ich den Text nachgelesen, der Rundfunk hat ihn uns geschickt:

*„Wenn uns Menschen begegnen, die frei und gerade und offen ihren Weg gehen, von denen Licht und Wärme ausgeht, dann dürfen wir fast mit Sicherheit annehmen, dass sie eine sonnige Kindheit hatten und dass die Sonne dieser Kindheit eine gesunde Mutterliebe war. Wenn wir auf Menschen treffen, die scheu und misstrauisch sind oder andere Verkrümmungen und Verbiegungen des Charakters zeigen, so ist mit nicht geringerer Sicherheit zu schließen, dass in ihrer Jugend etwas versäumt oder verfehlt worden ist, und fast immer hat es dann, wenn nicht allein, so doch auch von Seiten der Mutter an etwas gefehlt."*

„Wer ist das?", fragte ich Mutter.

„Sei still. Guck ins Programm."

Aber ich suchte nicht das Radioprogramm heraus, sondern setzte mich auf den Stuhl neben der Tür.

Die Frau sprach langsam, doch ohne Zögern oder Unsicherheit. Sie klang nicht affektiert, nicht herablassend-mütterlich wie manche unserer Lehrerinnen, vor denen wir uns noch in der Abschlussklasse des Lyzeums wie Erstklässler fühlten. Sie redete ihre Zuhörer als Menschen an, die etwas vom Leben und seinen Schwierigkeiten verstanden. Ich fühlte mich ernst genommen mit meinen achtzehn Jahren, schloss die Augen und hörte zu.

*„Echte Mutterliebe, in der das Kind gedeiht wie die Pflanzen in milder Sonnenwärme, weiß, dass es nicht für **sie da ist**: nicht als Spielzeug, um ihre leere Zeit auszufüllen, nicht um ihr Verlangen nach Zärtlichkeit zu stillen, nicht um ihre Eitelkeit oder ihren Ehrgeiz zu befriedigen. Es ist ein Gottesgeschöpf, das seine Natur möglichst rein und unverkümmert entfalten und sie dann an seinem Platz im großen Organismus der Menschheit betätigen soll. Ihr ist es aufgegeben, dieser Entfaltung zu dienen, der Natur still zu lauschen, sie ungestört wachsen zu lassen, wo kein Eingreifen nötig ist, und einzugreifen, wo Leitung und Hemmung erforderlich ist. Hier ist die Stelle, wo medizinische und psychologische Belehrung den mütterlichen Instinkt wirksam unterstützen kann und genützt werden sollte."*

Ich hörte Mutter leise seufzen. Sie hatte die Näharbeit aus der Hand gelegt und sah auf die Straße hinunter, wo es nichts zu sehen gab, nur Matsch und manchmal eine vorüberhastende graue Menschengestalt.

Ich wusste, woran sie dachte. Mein Bruder! Er war nicht zu Hause. Er traf sich irgendwo mit anderen jungen Männern. Und wenn er wiederkam, knallte er die Türen, schrie „Heil! Sieg!" durchs Treppenhaus, bis mein Vater ihm entgegen trat und ihn – von Hustenanfällen unterbrochen – zur Ordnung rief. Dann ging er lachend in sein Zimmer: „Ihr werdet schon sehen!"

„Was habe ich verkehrt gemacht?"

Meiner Mutter liefen die Tränen übers Gesicht. Ich nahm sie ganz schnell in die Arme. Und die Stimme im Radio sprach ruhig weiter:

*„Eine Mutter, die das vollbracht hat, was heute als ihre Aufgabe gezeichnet wurde: ihr Kind an ein geregeltes Leben, an Sauberkeit, Ordnung, freudigen Gehorsam und Wahrhaftigkeit gewöhnt hat, ihm Liebe und Vertrauen zu Gott und den Menschen ins Herz gepflanzt hat, die hat eine sichere Grundlage geschaffen, auf der Schule und Leben weiterbauen können. Ohne diese Grundlage aber ist alle spätere Erziehungsarbeit eine dornenvolle und in vielen, vielen Fällen vergebliche Mühe."*

„Es ist doch nicht deine Schuld! Olaf ist in schlechte Gesellschaft geraten ..."

Der Vortrag war zu Ende. Ein Sprecher nannte den Namen der Referentin: Dr. Edith Stein, Dozentin am Deutschen Institut für wissenschaftliche Pädagogik in Münster.

„Münster – wo ist denn das?", fragte mich Mutter.

„Ich glaube, irgendwo im Norden, wo es keine Berge mehr gibt."

„Und dann spricht sie im Bayerischen Rundfunk?"

„Sie muss sehr berühmt sein. Und hat einen Doktor! Als Frau!"

Meine Mutter sah mich wehmütig an. Sie wusste, was ich meinte. Studieren wollte ich, auch eine „Frau Doktor" werden. Aber ich würde nach dem Abschluss der Schule dieses Jahr wohl Geld verdienen müssen, irgendwo als Büromädchen. Von Vaters lächerlicher, gerade wieder gekürzter Arbeitslosenunterstützung konnten wir nicht leben. Olaf, eigentlich Student, brachte auch nichts nach Hause. Wenn er wenigstens zu Vorlesungen oder Seminaren ginge! Statt dessen prügelte er sich mit den „Roten", wie er sagte, und kam mit zerrissenen Sachen wieder.

„Am Montag spricht sie noch einmal, hast du's gehört?"
Ja, ich hatte gehört.

Der Montag wurde ein heller Tag. Es lag eine Ahnung von Frühling in der Luft. Mittags rissen wir weit die Fenster auf, um den warmen Hauch ins Zimmer einzulassen. Von fern war Musik zu hören. Marschmusik. Olaf war nicht zu Hause. Wahrscheinlich marschierte er mit. Irgendjemand hatte ihm kürzlich eine Uniform spendiert, braun und schneidig. Nun schlug er die Hacken noch lauter zusammen.

„Komm", sagte Mutter, „wir wollen die Frau Dr. Stein wieder hören."

Diesmal sollte es um die mütterliche Erziehungskunst während der Schulzeit gehen, kündigte der Sprecher an.

„Siehst du", flüsterte ich Mutter schnell noch zu, „es ist nicht deine Schuld, dass Olaf so geworden ist. Es ist die Schule!"

„Sei still und pass auf!"

Wir hörten zu bis zum Ende. Vater guckte zwischendurch einmal durch die Tür und schloss sie leise wieder. Ich hörte ihn ins Büro gehen. Mutter nickte manchmal und seufzte tief.

*„Je mehr die Mutter bemüht ist, ihr Kind für sich zu behalten und an sich zu fesseln, desto sicherer und endgültiger wird sie es verlieren, selbst wenn sie es dahin bringen sollte, dass es äußerlich bei ihr bleibt. Je bereitwilliger sie es in die Hände dessen zurücklegt, der es ihr gegeben hat, desto sicherer ist zu hoffen, dass es ihr in einem neuen, hohen und heiligen Sinn zurückgeschenkt wird."*

„Mach aus", sagte Mutter. Der Vortrag war zu Ende, wir wussten, wer gesprochen hatte, und außerdem hörten wir Vater die Treppe heraufkommen, weil er wohl gern Tee trinken wollte.

„Ja", meinte Mutter noch und strich mir übers Haar, „das ist es: Olaf weiß nicht, dass er Gott gehört. Ich bin froh, dass du es weißt."

An diesem Abend betete ich mit Inbrunst, und ich nahm mir vor, den jüngeren Mädchen in unserer Gemeinde ein Vorbild zu sein – nicht nur in der sittlichen Lebensführung, wie unser Pfarrer es für wichtig hielt, sondern auch im Vertrauen auf Gott. Viele Mädchen waren verzweifelt, weil die Eltern stritten, tranken und ständig ihr Elend bejammerten. Müssten wir uns nicht in dieser Notlage unseres Volkes an Gott wenden?

Als ich über all diesen Gedanken fast schon eingeschlafen war, hörte ich die Haustür schlagen und grölenden Gesang auf der Treppe: „Deutschland muss leben, auch wenn wir sterben müssen …"

Die Stimme meines Vaters fuhr dazwischen: „Raus!"

Wieder Poltern und Stimmengewirr, Türschlagen und dann – Stille.

Ich faltete noch einmal die Hände: „Herr, erbarme dich!"

Für Ende Juli war in Augsburg ein großes Treffen der katholischen Jungmädchenvereine geplant. Aus unserer Pfarrgemeinde wollten mehr als zwanzig Mädchen mitfahren, meine Freundin Maria, eine ältere Führerin und ich sollten sie begleiten.

Wir freuten uns. Es war für fast alle die einzige Reise, die wir uns in diesem traurigen Jahr leisten konnten. Und während der Wahlkampf für die Reichtagswahlen am 31. Juli tobte, stand auf allen Briefen und Programmzetteln unserer Veranstaltung groß das Zeichen der „Weißen Rose". So wollten wir sein, jede von uns: eine Blüte, rein und unschuldig, nicht von dem schmutzigen Geschäft der Politik verdorben und voller Vertrauen, dass wir unter der göttlichen Sonne blühen dürften.

Wir zählten die Tage, nähten uns weiße Kleider und bemalten Stoffe mit der weißen Rose, die wir als Banner vor uns hertragen wollten. Eine Woche vor der Reise brachte uns der Pfarrer die gedruckten Programme.

„Am Vormittag, 25. Juli: Zusammenkunft der Führerinnen in

der Aula von St. Stephan, Vortrag von Dr. Edith Stein, Münster", las ich.

„Muttel, ich werde Frau Dr. Stein sehen. Sie kommt nach Augsburg und spricht zu uns!"

Meine Mutter sah auf – sie putzte grüne Bohnen, die uns ein Nachbar geschenkt hatte – und lächelte müde.

„Dann frag sie, was ich falsch gemacht habe."

„Ach, Muttel …"

Das war ein Erlebnis! Mit Sonderzügen aus ganz Süddeutschland kamen wir in Augsburg zusammen. Schon der Bahnhof war mit weißen Rosen geschmückt. Wie viele wir waren! Tausende! Ein strahlender Sonnentag und so viel Lachen! Es kam mir vor wie ein Wunder. Die Wirtschaftskrise, die Wahlen, die blutigen Straßenkämpfe – alles war vergessen. Unter den segnenden Händen des ehrwürdigen Bischofs standen wir dicht beieinander und nichts, nichts hätte uns auseinander reißen können – damals in Augsburg.

Es sollen um die tausend junge Frauen gewesen sein, die sich am nächsten Morgen in der Aula von St. Stephan drängten. In der ersten Reihe saßen die kirchlichen Würdenträger erwartungsvoll mit gefalteten Händen. Alle Stühle im Parkett und auf den Emporen waren besetzt, viele drängten sich in den Gängen oder saßen auf den Stufen, die zur Bühne hinaufführten. Dort war ein Rednerpult aufgebaut.

Woher sie plötzlich kam, weiß ich nicht. Alle Köpfe fuhren herum. Von der Seite bahnten sich zwei Frauen ihren Weg. Die eine – weißhaarig, gütig lächelnd – kannten wir aus dem Vorstand der „Weißen Rose". Die andere – das musste „sie" sein.

Von meinem Platz auf einer der seitlichen Emporen konnte ich sie sehen, wenn ich mich weit vorbeugte. Sie ging mit großer Ruhe („wie eine Königin", sagte Maria später) zum Rednerpult, ordnete ihre Papiere und überblickte dann den Saal. Es wurde still.

Edith Stein trug eine weiße Bluse und – ganz schick! – eine dunkle Krawatte. Das Haar war gescheitelt und straff zurückgekämmt. Trotzdem wirkte sie nicht männlich. Es war ihr Lächeln, nur angedeutet, das uns alle zu ihren Töchtern machte.

Ihr Thema war „Die Aufgabe der Frau als Führerin der Jugend zur Kirche". Sie sprach ohne die großen Gesten, die wir von den Reden der Politiker, ganz besonders *eines* Politikers, kannten. Aber jedes Wort, das sie sagte, hatte Gewicht, und sie sprach so langsam, dass wir jeden Gedanken mitdenken konnten. Ein paar Sätze kritzelte ich auf dem Schoß in mein Notizbuch. Sie haben mich durch die Jahre begleitet und mir immer wieder Mut gemacht, auch als die leise Stimme, die so gesprochen hatte, längst erstickt war:

*„Die Verbindung der Seele mit Christus ist etwas anderes als die Gemeinschaft zwischen irdischen Personen: sie ist ein Hineinwachsen und Hineinwurzeln …"*

*„Religiöse Bildung, die standhalten soll, muss im Objektiven verankert sein und den stärksten Realitäten der Natur die stärkeren der Übernatur entgegenstellen."*

*„So verheerend ein gedächtnismäßiges Einprägen unverstandener Katechismussätze ist, so fruchtbar ist das Eindringen in die Glaubensgeheimnisse."*

Ganz zum Schluss sprach sie von einem gläubigen und sittlich gesunden Volk – ihrer Hoffnung, und diese Hoffnung richtete sich auf uns, auf die zukünftigen Mütter. Ich sah meine Freundin an, die neben mir saß.

„Ja", sagte sie, und wir drückten einander fest die Hand. Es war ein Versprechen. Gern hätten wir es auch der Frau vorn am Rednerpult gegeben, aber die war schon in der Menge verschwunden, fortgetragen von einer Woge der Begeisterung. Wir drängten mit den anderen hinaus und hielten uns dabei an den Händen.

Meine Freundin Maria hat dieses Versprechen mit dem Leben

bezahlt. Ihre Spur verlor sich in einem Gestapo-Gefängnis, als in München die „Weiße Rose" zertreten wurde. Deren Flugblätter hat sie weitergegeben. Ich habe überlebt. War ich zu feige? War es Gnade? Oder blieb ich bewahrt, damit ich davon erzählen kann?

Erfüllt von Mut und festem Glauben an die Zukunft traten wir ins Freie. Im Hinausgehen hörte ich jemanden sagen: „Aber sie ist Jüdin."

„Nein", erwiderte eine andere Frau, „sie ist Christin, sie gehört zu uns."

Draußen standen die Zuhörerinnen des Vortrags in kleineren und größeren Gruppen an die Häuserwände gedrückt. SA-Männer marschierten auf der Fahrbahn, ein Trupp Gegendemonstranten mit roten Fahnen kam ihnen entgegen. Die Braunen umstellten sie und rückten drohend zusammen. Mit Transparenten schlugen die Kommunisten um sich und kämpften sich den Weg frei. Von einem Faustschlag ins Gesicht getroffen brach ein Brauner zusammen, die Roten stürmten weiter, und mit tierischem Gebrüll setzten SA-Männer nach.

Einige Geistliche und ältere Frauen bemühten sich um den Verletzten, aber der sprang plötzlich auf, stieß die Helfer zurück und schrie sie an: „Geht mir vom Leibe, ihr Pfaffen. Euch brauchen wir nicht mehr. Pfui …"

Er spuckte aus und taumelte davon, den anderen hinterher.

„Komm", sagte Maria, „wir müssen zur Abschlusskundgebung."

Wie verwehte weiße Blüten sahen wir die anderen Mädchen in den Nebenstraßen verschwinden. Auch auf dem Domplatz flogen Flaschen und Steine, heruntergerissene Wahlplakate wehten über die Straße. Aber noch übertönte das mächtige Geläut der Glocken alles wilde Geschrei. Noch.

# 8. Kapitel

Schon kurz nach der Machtergreifung Hitlers am 31. Januar 1933 spürt Edith Stein die aufziehende Gefahr. Sie erfährt von dem materiellen und seelischen Druck, dem die jüdischen Mitbürger ausgesetzt sind.

Daraufhin verfasst sie in der Passionszeit einen Brief, der Papst Pius XI. im April 1933 persönlich übergeben wird. Als Antwort erhält Edith Stein persönliche Grüße und Segenswünsche des Papstes.

Im Juli 1933 schließt die katholische Kirche mit der Regierung Adolf Hitler einen Vertrag („Konkordat"), durch das die freie Religionsausübung der katholischen Christen gesichert werden soll. Als 1942 die holländischen Bischöfe aus eigener Initiative die Verfolgung der Juden in dem besetzten Land öffentlich kritisieren, bedeutet dieser mutige Schritt für die katholischen Juden in Holland den Tod: Sie werden eine Woche nach der Erklärung verhaftet und nach Auschwitz deportiert.

## *Der Kardinal*

Mir wurde der Brief jener gewissen Editha Stein übergeben, weil man mir zutraute, den Heiligen Vater in rechter Weise zu beraten.

Der junge Sekretär, der nach der Messe mit dem Schreiben in die Sakristei kam, wartete ungeduldig, bis ich mich umgezogen hatte. Er ging mit langen Schritten auf und ab. Mich ärgerte seine Nervosität, und ich beachtete ihn deshalb nicht weiter.

Es sei eine Zeit schwieriger Entscheidungen angebrochen, begann er schließlich, noch ehe das Messgewand ordnungsgemäß auf dem Bügel hing. In Deutschland würden die Juden diskriminiert und verfolgt. Das sei bedauerlich, da wir allen Menschen das Beste wünschten, vielleicht aber auch unvermeidbar, solange sie nicht bereit seien, sich zur wahren Lehre zu bekehren. Ich fragte, worum es denn nun wirklich gehe. Ach, sagte er, es sei da ein Brief überbracht worden von einem ernst zu nehmenden Boten. Durch Vermittlung des Erzabtes Raphael Walzer – gerade aus Japan zurückgekehrt, wo er mit der Gründung von Klöstern beauftragt sei – habe ihn der Heilige Vater erhalten, versiegelt übrigens, denn nicht der Überbringer, sondern eine konvertierte Jüdin habe ihn verfasst. Raphael Walzer, Abt einer bedeutenden deutschen Abtei, sei ein überaus vertrauenswürdiger Mann, und er habe die Verfasserin des Briefes auch als eine zuverlässige, keineswegs hysterische Person dargestellt, aber …

Nun wollte ich den Brief lesen.

Er räusperte sich, zögerte, als fürchte er, ich hätte ihn noch nicht richtig verstanden.

„Die Verhandlungen über das Konkordat mit der deutschen Regierung sind gestern in eine kritische Phase eingetreten. Wir müssen alle Konsequenzen bedenken."

Ich nahm ihm den Brief aus der Hand.

*Heiliger Vater!*
*Als ein Kind des jüdischen Volkes, das durch Gottes Gnade seit elf Jahren ein Kind der katholischen Kirche ist, wage ich es vor dem Vater der Christenheit auszusprechen, was Millionen von Deutschen bedrückt.*

*Seit Wochen sehen wir in Deutschland Taten geschehen, die jeder Gerechtigkeit und Menschlichkeit – von Nächstenliebe gar nicht zu reden – Hohn sprechen. Jahre hindurch haben die nationalsozialistischen Füh-*

rer den Judenhass gepredigt. Nachdem sie jetzt die Regierungsgewalt in ihre Hände gebracht und ihre Anhängerschar – darunter nachweislich verbrecherische Elemente – bewaffnet hatten, ist diese Saat des Hasses aufgegangen.

Dass Ausschreitungen vorgekommen sind, wurde noch vor kurzem von der Regierung zugegeben. In welchem Umfang, davon können wir uns kein Bild machen, weil die öffentliche Meinung geknebelt ist. Aber nach dem zu urteilen, was mir durch persönliche Beziehungen bekannt geworden ist, handelt es sich keineswegs um vereinzelte Ausnahmefälle.

Unter dem Druck der Auslandsstimmen ist die Regierung zu „milderen" Methoden übergegangen. Sie hat die Parole ausgegeben, es solle „keinem Juden ein Haar gekrümmt werden". Aber sie treibt durch ihre Boykotterklärung – dadurch, dass sie den Menschen wirtschaftliche Existenz, bürgerliche Ehre und ihr Vaterland nimmt – viele zur Verzweiflung: Es sind mir in der letzten Woche durch private Nachrichten 5 Fälle von Selbstmord infolge dieser Anfeindungen bekannt geworden. Ich bin überzeugt, dass es sich um eine allgemeine Erscheinung handelt, die noch viele Opfer fordern wird. Man mag bedauern, dass die Unglücklichen nicht mehr inneren Halt haben, um ihr Schicksal zu tragen. Aber die Verantwortung fällt doch zum großen Teil auf die, die sie so weit brachten. Und sie fällt auch auf die, die dazu schweigen.

Alles, was geschehen ist und noch täglich geschieht, geht von einer Regierung aus, die sich „christlich" nennt. Seit Wochen warten und hoffen nicht nur die Juden, sondern Tausende treuer Katholiken in Deutschland – und ich denke, in der ganzen Welt – darauf, dass die Kirche Christi ihre Stimme erhebe, um diesem Missbrauch des Namens Christi Einhalt zu tun. Ist nicht diese Vergötzung der Rasse und der Staatsgewalt, die täglich durch Rundfunk den Massen eingehämmert wird, eine offene Häresie? Ist nicht der Vernichtungskampf gegen das jüdische Blut eine Schmähung der allerheiligsten Menschheit unseres Erlösers, der allerseligsten Jungfrau und der Apostel? Steht nicht dies alles im äußersten Gegensatz zum Verhalten unseres Herrn und Heilands, der noch am Kreuz für seine Verfolger betete? Und ist es nicht ein schwarzer Flecken in der

*Chronik dieses Heiligen Jahres, das ein Jahr des Friedens und der Versöhnung werden sollte?*

*Wir alle, die wir treue Kinder der Kirche sind und die Verhältnisse in Deutschland mit offenen Augen betrachten, fürchten das Schlimmste für das Ansehen der Kirche, wenn das Schweigen noch länger anhält. Wir sind auch der Überzeugung, dass dieses Schweigen nicht imstande sein wird, auf die Dauer den Frieden mit der gegenwärtigen deutschen Regierung zu erkaufen. Der Kampf gegen den Katholizismus wird vorläufig noch in der Stille und in weniger brutalen Formen geführt wie gegen das Judentum, aber nicht weniger systematisch. Es wird nicht mehr lange dauern, dann wird in Deutschland kein Katholik mehr ein Amt haben, wenn er sich nicht dem neuen Kurs bedingungslos verschreibt.*

*Zu Füßen Eurer Heiligkeit, um den Apostolischen Segen bittend
Dr. Editha Stein
Dozentin am Deutschen Institut für wissenschaftliche Pädagogik
Münster/W Collegium Marianum*

Ich faltete den Brief zusammen.

„Was ist mit dem Konkordat?"

„Unsere Mitbrüder, Generalvikar Steinmann und Bischof Berning, müssen in diesen Tagen wieder beim Reichskanzler gewesen sein. Wir haben noch keine Nachricht. Aber es geht um die eine große Gefahr, die Hitler ebenso sieht wie wir: den Bolschewismus. Eine gemeinsame Front aufzubauen würde uns außerdem Handlungsfreiheit im Innern Deutschlands verschaffen."

„Aber die Verfasserin des Briefes hält offensichtlich auch die Kirche für bedroht."

„Diese Einschätzung teilen wir nicht. Der katholischen Kirche bringen die neuen Machthaber sehr viel Respekt entgegen. Sie wissen, dass sie es mit einer Institution von weltweiter Bedeutung zu tun haben, obwohl sie – zugegebenermaßen – wenig Offenheit für die christliche Lehre zeigen. Natürlich geht ein Mann wie Hitler auch nicht gerade zimperlich mit seinen Gegnern um. Umso wichtiger ist es für uns, nicht zu seinen Feinden zu gehören. Auf der anderen Seite versteht der Mann die Massen zu mobilisieren wie kein anderer. Und in diesen Massen sind viele treue Katholiken. Zum Konkordat gibt es keine Alternative!"

„Wie hat der Heilige Vater auf den Brief reagiert?"

„Betroffen. Zutiefst betroffen. Wir fürchten Schlimmstes."

„Schlimmstes?"

„Er könnte einen flammenden Appell veröffentlichen. Er könnte die verfolgten Juden zu Schutzbefohlenen der Kirche erklären …"

„Das ist noch nie geschehen."

„Es könnte zum ersten Mal geschehen."

„Und das Konkordat?"

„… würde scheitern. Hitler ist in diesem Punkt zu keinen Kompromissen bereit. Der Rassenwahn habe bei ihm krankhafte Züge angenommen, wurde mir vertraulich von einem Bruder mitgeteilt. Sein Antisemitismus sei keineswegs religiös bestimmt, so dass eine Stellungnahme der Kirche daran auch nichts ändern würde. Bis in die Physiognomie hinein reagiere er mit Hass und Wut, wenn nur von Juden, jüdischer Weltherrschaft, jüdischem Kapital gesprochen werde. Jedes Wort für die Juden würde uns zu Feinden machen."

Ich bat den jungen Mann, mich allein zu lassen, und ging in mein Büro.

Es war eine laue Nacht. Frühling in Rom. Heiliges Jahr. Wir gedachten in zahllosen Predigten des Leidens und Sterbens unseres Herrn im Jahre 33. Zahllose Pilger aus allen Ländern der Erde hatten sich in Rom versammelt, flehten um Vergebung der Sünden, beteten, schrien zu Gott, dass sein Reich endlich anbrechen möge. Bußfertige schleppten blutverschmierte Kreuze durch die Straßen. Tagsüber brodelte die Stadt vor Erregung. Aber in der Nacht gehörte Rom wieder sich selbst. Ein Ahnen, Flüstern, Rauschen lag in der Luft. Erste Liebespaare durchstreiften die Gärten. Ich sah sie nicht, aber ich fühlte sie wie den Drang in den aufbrechenden Knospen.

Vom weit geöffneten Fenster kehrte ich an den Schreibtisch zurück. Da lag der Brief.

*„Seit Wochen warten und hoffen nicht nur die Juden, sondern Tausende treuer Katholiken in Deutschland – und ich denke, in der ganzen Welt – darauf, dass die Kirche Christi ihre Stimme erhebe, um diesem Missbrauch des Namens Christi Einhalt zu tun."*

Warteten sie wirklich? In der ganzen Welt? Wie kam sie darauf – diese *„Dr. Editha Stein"*?

Ich versuchte mir die Frau vorzustellen: eine dieser Akademikerinnen, die für die Rechte des weiblichen Geschlechts kämpften. Da gab es viele Jüdinnen. Als sei nicht das höchste Recht der Frau, Kinder zu bekommen, Leben weiterzugeben. Ein Recht, das niemand ihr streitig machte. Doch diese Frauen wollten mehr, wollten Gleichberechtigung. Nicht in Italien, aber in Deutschland, England, Österreich … War Editha Stein eine von ihnen?

Aber … *„durch Gottes Gnade seit elf Jahren ein Kind der katholischen Kirche"*? Doktortitel einer deutschen Universität, Dozentin, konvertiert? Wie reimte sich das zusammen? Die Zeiten der erzwungenen Taufen waren – Gott sei Dank – lange vorbei. Ich kannte den Feuereifer konvertierter Juden, oft auch ihren Hass auf die – ehemaligen – Glaubensgenossen. Doch dieses Muster passte genauso wenig.

*„… ist es nicht ein schwarzer Flecken in der Chronik dieses Heiligen Jahres, das ein Jahr des Friedens und der Versöhnung werden sollte?"*

Nach und nach erloschen die Lichter in den Fenstern des Vatikans. Auch der Heilige Vater würde nun sein Schlafgemach aufsuchen, würde seine Seele Gott anvertrauen und sich dann wohl doch schlaflos hin und her wälzen vor diesem ungeheuren Anspruch, der Welt die Botschaft von Frieden und Versöhnung zu bringen.

Wie hatte der Sekretär gesagt? Jedes Wort für die Juden würde uns zu Feinden machen.

Wenn wir uns auf die Seite der Verfolgten stellten, die schon seit dem Geschrei vor Pilatus von Gott verflucht sind, dann würde das neue, starke, sich wie ein verschlafener Riese räkelnde Deutschland uns als Gegner betrachten. Mussten wir nicht in erster Linie die schützen, die uns anvertraut waren? Was konnten wir tun, wenn dieser Tolpatsch nördlich der Alpen mit einer ungeschickten Bewegung seiner Tatze Klöster zerdrückte, Kirchen in Trümmer legte – so wie es in Russland geschah?

Am Frühlingshimmel stand der Mond, mild und lächelnd, wie mir schien. Sollten wir nicht genauso wie er den Gang der Dinge mit sanfter Gelassenheit betrachten? Warnen vor jeder Art von Gewalt – ja. Zur Feindesliebe mahnen – ja. Aber keine Namen, keine Begriffe nennen, vor denen sich das Gesicht der Machthaber verziehen musste. Lächeln. Lächelnd Segen verheißen – das war unsere Aufgabe.

So riet ich dem Heiligen Vater am nächsten Morgen, der Verfasserin des Briefes den Segen zu erteilen.

Mehr nicht.

Mehr nicht?

Ich weiß, was die sagen, die jene Frühlingstage 1933 in Rom nicht erlebt haben. Natürlich, sie wären alle mutiger gewesen. Natürlich, sie hätten gewusst, dass es zu der Katastrophe kommen würde, die Dr. Editha Stein damals schon dem Papst voraussagte. Sie hätten ausgerechnet, dass sechs Millionen Juden wohl einen Aufschrei der Kirche wert gewesen wären. Aber woher sollte ich es wissen, damals, als der Mond so mild am Himmel stand?

Ich war doch auch nur einer, nur ein kleines Rädchen. Und die Maschine lief, lief. Wir hätten nichts erreicht, überhaupt nichts. Damals nicht, später nicht. Die Geschichte ging über uns hinweg.

Aber manchmal träume ich – von der Frau, die den Brief

schrieb. Ich weiß, sie starb in Auschwitz. Und wir hätten sie vielleicht retten können. Vielleicht, vielleicht –

Wenn nur die holländischen Brüder so wie wir geschwiegen hätten! Aber sie taten es nicht. Sie erhoben ihre Stimme, laut und vernehmlich, für alle Verfolgten, für die jüdischen Mitbürger insbesondere. Sie lasen von den Kanzeln, und das Echo hallte von den Kirchenwänden wider:

*„Wir flehen zu Gott, durch die Fürsprache der Mutter der Barmherzigkeit, dass er das Volk Israel, das in diesen Tagen so bitter geprüft wird, stärken möge ..."*

Und die, die es hören sollten, hörten ... Ihr Hohnlachen drang durch alle Mauern. Nun holten sie gerade die, von denen wir meinten, dass sie sicher seien: konvertierte Juden – aus unseren Gemeinden, aus unseren Klöstern.

Nur sechs Tage brauchten sie, um alle wegzuschleppen. Auch Schwester Teresia Benedicta – Editha Stein.

Wer ist schuld an ihrem Tod? Die holländischen Bischöfe oder wir? Wen wird Gott verdammen? Und von wem wird er das Blut der Ermordeten fordern? Nein, nicht das Blut. Die Asche, die Asche ...

Ich bin ein alter Mann. Ich stehe am Altar und vollziehe das Messopfer. Jeden Tag.

Ich stehe vor Gericht. Jede Nacht.

Es wird nicht mehr lange dauern, dann wird der Tod meinen Namen rufen. Gott wird sein heiliges Buch aufschlagen. Darin steht in den goldenen Lettern der Heiligkeit: Editha Stein.

Und mein Name?

Jede Nacht sehe ich eine leere Seite vor mir und erwache.

Betet für mich!

## 9. Kapitel

Seit sie den Lebensbericht der heiligen Teresa von Avila gelesen hat, fühlt Edith Stein sich zum Eintritt in den Orden der Karmelitinnen berufen.

Diese Gemeinschaft trägt den Namen des Berges Karmel im Norden Israels, wo der Prophet Elia Gott anrief, damit es nach langer Dürre wieder regnete. Schon früh lebten Einsiedler auf dem Berg, die sich im Mittelalter zu einem Orden zusammenschlossen. Teresa von Avila und Johannes vom Kreuz reformierten die Gemeinschaften im 16. Jahrhundert. 1637 wurde in Köln der erste deutsche „Karmel" nach der Regel Teresas gegründet.

Ihre wichtigste Aufgabe sehen die Karmelitinnen darin, für andere zu beten. Jede Gemeinschaft wählt eine Vorsteherin („Priorin") und deren Stellvertreterin. Eine Novizenmeisterin betreut die neu aufgenommenen Schwestern.

Edith Stein kann 1933 als Jüdin nicht mehr am Pädagogischen Institut in Münster lehren. Sie wird in den Kölner Karmel aufgenommen. Um sie vor der Verfolgung durch die Nationalsozialisten zu schützen, bringen Freunde des Klosters sie am 31.12.1938 nach Holland.

## *Die Schwester im Karmel*

Weit fort von dem Leben, das an den Ufern des Rheins pulsierte, weit fort vom Geschrei der Versammlungen, der Märkte, der großen Aufmärsche, lebten wir im Rhythmus des Jahres, das Gott uns gab: dem aufgehenden Licht der Weihnachtszeit, dem schmerzvollen Warten und Wachen vor dem Tod Christi, dem Jubel der Auferstehung und dem langen Werden und Wachsen der himmlischen Ernte.

Was draußen geschah, drang nur als Gerücht an unsere Ohren, wenn ein Besucher vor dem Sprechgitter die Stimme senkte, von Verfolgung sprach, von brutaler Gewalt, von Verschwundenen. Es kamen mit der Zeit weniger Besucher. Und die erzählten von Schriften, in denen unerträgliche Lügen über das Leben in den Klöstern verbreitet wurden: Unzucht, Schande ... Wenn Frauen davon erzählten, senkten sie errötend den Blick.

„Ihr könnt euch nicht vorstellen, was da behauptet wird", flüsterten sie, „und die Marktfrauen, die Arbeiter in den Bergwerken, die Studenten – sie glauben es! Sie jubeln dem Führer zu. Sie versammeln sich in immer größeren Massen. Gegen ihr Geschrei kommt niemand an, nicht einmal das Geläut der Domglocken."

Uns schauderte. Und beim Abendgebet schauten wir auf unsere Schwester.

„Fratres: Sobrii estote, et vigilate ..."

„Brüder, seid nüchtern und wachsam, denn euer Widersacher, der Teufel, geht umher wie ein brüllender Löwe und sucht, wen er verschlingen könne. Widersteht ihm standhaft im Glauben."

Sie – war Jüdin. Ihr galt das Wutgebrüll der aufgehetzten Massen. Sie saß unter uns und betete wie wir.

„Du aber, Herr, erbarme dich unser ..."

Schwester Teresia Benedicta vom Kreuz lebte damals noch nicht lange bei uns. Als sie sich vorstellte, wussten wir nichts von ihr, als dass eine Postulantin, konvertiert und schon über vierzig Jahre alt, den dringenden Wunsch habe, zu unserer kleinen Gemeinschaft zu gehören. Wir drängten uns am Gitter, um sie zu sehen und zu befragen. Sie antwortete leise, aber klar.

„Ja, ich weiß, dass ich allen Freuden der Welt entsagen muss, aber was ist das schon gegen die Freude, im Gebet mit unserem Herrn vereint zu sein …"

„Ja, bei den Benediktinern im Kloster Beuron ist es wie im Vorhof des Himmels – wunderbar singen sie die Psalmen. Ich weiß, dass Sie nur eine kleine Gemeinschaft sind und die gregorianischen Choräle nicht singen können, aber darauf kommt es mir nicht an – wenn wir nur von Herzen miteinander beten."

„Ja, ich weiß, dass mein Tageslauf nicht mehr von mir selbst bestimmt wird, wenn ich zu Ihnen gehöre. Aber ich habe schon lange die alte Ordnung der Tagzeitengebete eingehalten und bin dankbar dafür, dass meine Stunden nicht zerfließen, sondern in eine uralte heilige Ordnung eingebettet sind."

„Ich kenne die Pflicht der Karmelitinnen: betend vor Gott einzustehen für die Welt, so wie unsere Mutter, die heilige Teresa von Avila, es bestimmt hat. Für mich ist das der herrlichste Beruf, nichts anderes habe ich gesucht, schon viele Jahre, seit meiner Taufe. Ich habe diesen Ruf in meinem Herzen gehört und er ist nicht mehr verklungen."

„Nein, ich fürchte mich nicht davor, in Armut zu leben. Besitz war mir nie wichtig. Schon längst habe ich unsichtbare Wände um mich gefühlt. Ich lebte in der Welt und war doch fern von der Welt. Ja, ich möchte in Ihrer Gemeinschaft leben, in Arbeit und Gebet. Nein, es gibt nichts, was mich zurückhält."

Einen Augenblick zögerte sie.

„Nein. Nichts."

Wir baten sie, uns etwas vorzusingen. Wir brauchten Sängerinnen in den Gottesdiensten, unseren Hochämtern zur Ehre Gottes. Den herrlichen Gregorianischen Choral hörten wir nur, wenn andere Chöre in unsere Kirche kamen. Und sie sang: „Segne du, Maria …", leise, sicher und mit Innigkeit.

Wir frohlockten: Eine Stimme mehr für den Choral!

Die Schwestern, die hinten standen, drängten nach vorn, um wenigstens einen kurzen Blick auf die Neue werfen zu können.

„Sie sieht nicht aus wie 42 ...", murmelte eine Schwester zufrieden.

Ich sah nur ihren gerade gezogenen Scheitel durch das Gitter und ließ die anderen dann vortreten. Das Lied war verklungen. Wir zogen uns zum Gebet zurück. Die Postulantin musste gehen und die Entscheidung abwarten.

Am nächsten Morgen berieten wir, und unsere Ehrwürdige Mutter fragte die Schwestern nach ihrer Meinung: „Wollen wir die Postulantin Edith Stein in unsere Gemeinschaft aufnehmen?"

Schwester Aloysia nickte, Schwester Teresia Renata nickte, Schwester Maria Angela sagte: „Ja", Schwester Agnes nickte – und so ging es weiter. Manche hatten Bedenken: „Hält sie das durch? In ihrem Alter?" Andere äußerten ihre Freude: „Sie ist klug und so voller Begeisterung." Dann folgte die geheime Abstimmung mit weißen und schwarzen Kugeln. Es fanden sich deutlich mehr weiße in dem hölzernen Kelch.

Darum schickte die Ehrwürdige Mutter unmittelbar nach der Entscheidung ein Telegramm nach Münster: „Freudige Zustimmung. Gruß Karmel."

Zuerst kamen sechs schwere Kisten mit Büchern. Schwester Ursula, unsere Bibliothekarin, hatte große Mühe, sie in unseren kleinen Räumen sinnvoll geordnet unterzubringen. Sonst besitze sie nichts, hieß es. Einige von uns waren skeptisch. Was sollten wir mit so viel Büchern?

Davon abgesehen lebte sie völlig unauffällig und für uns unsichtbar einige Wochen als Gast in der Wohnung an der Pforte und feierte jenseits der Gitter im leeren Kirchenraum mit uns die heilige Messe. Auch wenn wir sie nicht sahen, hörten wir ihre klare, feste Stimme bis in den Chorraum herüber, und dann lächelte die Ehrwürdige Mutter dankbar. Eines Tages fehlte die einsame Beterin.

„Sie ist nach Schlesien gereist, um sich von ihrer Familie zu verabschieden."

Wir warteten gespannt auf ihre Rückkehr.

Es wurde Oktober, und ein kalter Wind jagte die welken Blätter durch den Garten. Die Pfortenschwester, die außerhalb der Klausur lebte, sah sie die Dürener Straße entlang kommen, nur mit einem Köfferchen in der Hand. Vor der kleinen Gartenpforte, die immer offen war und zum Eingang des Klosters führte, sei sie einen Augenblick stehen geblieben.

„Sie hat zum Himmel geschaut", erzählte die Schwester. „Ich dachte erst: Überlegt sie noch einmal? Aber dann sah ich ihr Gesicht … Sie hat wohl ein Dankgebet gesprochen."

Am selben Abend überschritt Dr. Edith Stein die Schwelle zur Klausur. Neugierig wie die Kinder umringten wir unsere neue Schwester. „Endlich", sagte sie mit strahlenden Augen und noch einmal: „Endlich!"

Dann bezog sie ihr Zimmerchen, ihre Zelle, sah hinaus auf die weiß getünchte Mauer – und war eine von uns.

Morgens um fünf Uhr saß sie als Erste im dunklen Chor der Kirche und ging abends erst, wenn die Küsterin das Licht löschte, zögernd hinaus. Es erhob sich nach den sechs Monaten Probezeit keine Gegenstimme: Wir nahmen sie mit Freude als Novizin in unsere Gemeinschaft auf.

Am 15. April fand das große Fest ihrer Einkleidung statt, ein Hochzeitsfest und – wie jede Hochzeit – auch ein Abschiedsfest. Es wurde eine Feier, wie sie unser Karmel kaum gesehen hat. Menschen strömten herbei, kamen aus ganz Deutschland, evangelische und katholische Christen, Philosophen, Sekretärinnen … Blumen wurden abgegeben, der Postbote schleppte eine große Tasche voller Briefe heran.

Sie war in weiße Seide gekleidet, eine spröde Braut, etwas ungelenk, vielleicht weil sie Angst hatte, der nur mit Nadeln zusammengesteckte Stoff (den ihre Schwester aus Breslau geschickt hatte) könnte verrutschen. Aber auf ihrem Gesicht lag ein großes Leuchten, und wir sangen die Psalmen schöner, wenn wir sie nur ansahen.

Ohne zu zögern legte sie das strahlende Weiß ab. Den Schleier nahmen wir ihr vom Kopf und falteten ihn sorgfältig zusammen (der Stoff wurde weiter verwendet). Ein schlichtes braunes Ordensgewand zogen wir ihr an, und sie band selbst den Gürtel fest, der sie nun binden sollte – an Gott und an uns.

„Als du noch jung warst, hast du dich selbst gegürtet und konntest gehen, wohin du wolltest ..."

Die Lesung verklang, klang in unseren Herzen nach. Sie lächelte und empfing den Namen, den sie sich erbeten hatte: Teresia Benedicta a Cruce – die Gesegnete vom Kreuz.

Vom Kreuz? Zum Kreuz?

„Wenn du aber alt geworden bist, wirst du deine Hände ausstrecken, und ein anderer wird dich gürten und dich führen, wohin du nicht willst."

Nach der feierlichen Zeremonie richtete sie sich auf und schien zu horchen. Hörte sie schon den Ruf? Aber da verklang nur das Raunen der Menschen, die draußen, für uns unsichtbar, die blumengeschmückte Kirche verließen.

Wir gingen still auseinander, jede in ihre Zelle. Aber die Freude blieb leuchtend in das Gesicht unserer Schwester geschrieben. Auch im Alltag bewegte sie sich still und strahlend unter uns – wie ein Kind, das nach langem Suchen endlich nach Hause gefunden hat.

So kam sie, so blieb sie. Eine große Beterin. In den häuslichen Arbeiten bemüht, voller Eifer und – ungeschickt. Nie verweilte sie länger als notwendig im Gespräch mit uns. Es zog sie in unserer freien Zeit immer in ihr Zimmer, unter das Kreuz, das dort als einziger Schmuck an der Wand hing, und an den kleinen Tisch, auf dem sich ihre Bücher zu Bergen stapelten. Namen standen darauf, die wir anderen kaum vom Hörensagen kannten: Duns Scotus, Thomas von Aquin. Lateinische Wörterbücher lagen neben dem Papier, das sorgfältig von oben links bis unten rechts beschrieben war, Vorder- und Rückseite – nie wurde Platz verschwendet.

Der Tisch war bald zu klein. Auch auf dem Bett lagen noch Bücher. Nachts müssen sie wohl einen anderen Platz gefunden haben. Oder schlief sie gar nicht? Saß sie die ganze Nacht nur und las – oder betete?

Es gab einige Schwestern, die hatten Zweifel, ob wir auf Dauer so miteinander leben könnten. Ich will nicht verhehlen: Ich gehörte auch dazu. Es gelang mir nicht, ein Gespräch mit ihr zu führen. Zwar wandte sie sich mit freundlichem Lächeln mir zu, wenn ich etwa sagte: „Schwester Clara sah heute früh sehr elend aus. Sollten wir sie nicht doch bitten, das Bett zu hüten?" Aber ihre Antwort schien von weit her zu kommen, und ich fühlte mich beschämt, wenn sie erwiderte: „Schwester Clara wird wohl wissen, dass sie im Gebet mehr Stärkung erfährt als durch ärztlich verordnete Bettruhe."

Im Winter saß Schwester Benedicta in einen dicken Mantel gehüllt an ihrem Schreibtisch im ungeheizten Zimmer. Die Füße wärmte sie sich auf dem Kasten mit Glut, den wir uns jeden Morgen in der Küche holen durften. Wir andern konnten uns bei den Zusammenkünften im geheizten Rekreationszimmer aufwärmen, aber sie blieb in der Zelle und schrieb mit fliegender Feder, auch wenn sie vor Kälte zitterte.

Die Planung des täglichen Einkaufs, die Fragen des geeigneten Blumenschmucks oder der Wäschepflege, das, was zu unserem Alltag gehörte und was uns unsere Mutter, die heilige Teresa, als wichtige Aufgaben ans Herz gelegt hat, blieb ihr fremd. Sie antwortete mit den Lippen, ihre Augen aber waren irgendwohin gerichtet, obwohl sie doch als Novizin gerade zu den einfachen Arbeiten herangezogen werden sollte, um sich in Demut zu üben.

„Sie ist eingebildet."

Einmal sprach es eine von uns in der Gegenwart unserer Ehrwürdigen Mutter aus. Es folgte betroffenes Schweigen. Schwester Benedicta saß wieder einmal nicht mit uns zusammen, weil sie sich mit einer wissenschaftlichen Arbeit beschäftigen musste. Unsere Mutter schien bewegt und zögerte mit einer Antwort. Dann erklärte sie uns in wenigen Sätzen, dass Schwester Benedicta eine bedeutende Frau draußen in der Welt gewesen sei, Vorträge vor tausend Menschen gehalten habe und ihre geistlichen Schriften in ganz Deutschland verbreitet seien.

Obwohl akademischer Ruhm in unserer Gemeinschaft keine Rolle spielte und alle den gleichen Pflichten unterworfen waren, spürten wir schmerzlich: Hier gab es zwischen ihr und uns einen Abstand. Den konnten wir durch wohlmeinendes Gespräch nicht überwinden.

Mit leisem Seufzen nahmen wir zur Kenntnis: Sie durfte einmal in der Woche an ihre Mutter schreiben. Wir durften es nicht. Unser geistlicher Vater, der Pater Provinzial, hatte sie ganz offiziell von der Teilnahme an dem schwesterlichen Beisammensein in der Mittagszeit, der Rekreation, entbunden, damit sie wissenschaftlich arbeiten konnte. Der Pater Provinzial war sehr stolz auf die Philosophin in unserem Kloster …

Aber geht denn das? Eine Novizin, die in unsere Gemeinschaft hineinwachsen soll und die wir fast nur zu den Mahlzeiten und zu den Gebeten sehen?

Unsere Mütter, Josepha, die Priorin, und Teresia Renata, die Novizenmeisterin, achteten darauf, dass die Novizin auch Kartoffeln schälte. Sie tat es klaglos, aber wir sahen das bald mit Skepsis.

„Wenn Schwester Benedicta schält, brauchen wir zwei Kilo mehr", bemerkte Clara, unsere älteste Laienschwester und zuständig für die Küchenarbeiten. Unter ihren Händen verwandelte sich eine knorrige ungeschälte Kartoffel blitzschnell in einen leuchtenden runden Ball. Wenn Schwester Benedictas feine Hände das

Messer hielten, ähnelte das Ergebnis eher einem eckigen Stein. Aber sie tat alles, was ihr aufgetragen wurde, gehorsam wie ein Kind, ohne zu fragen. Nur manchmal seufzte sie: „Ich schaffe es nicht." Und dann waren nicht die Kartoffeln gemeint, sondern die Bücher, die auf ihrem Tisch lagen ...

Bei unserem Beisammensein wies uns Schwester Teresia Renata immer wieder darauf hin, dass die heilige Teresa uns aufgetragen hatte: Jede soll bei den alltäglichen Verrichtungen so eingesetzt werden, wie es ihren Fähigkeiten und Begabungen entspricht. Vor Gott sind alle Gaben gleich. Darum soll sich keine besser oder schlechter dünken als eine andere.

Wir hörten schweigend zu. Und ich brachte es abends, wenn wir still in der Zelle unser Gewissen erforschten, vor Gott: dass ich trotz allen Bemühens die Laienschwestern verachtete, die kein Latein konnten und für die niedrigsten Arbeiten zuständig waren, dass ich Schwester Benedicta beneidete, die aus dem Lateinischen übersetzte, die Bücher der Kirchenväter im Original las und so viel klüger war als ich. Es ist schwer, das zu lernen: nicht zu verachten und nicht zu beneiden, sondern wie Maria zu sprechen: „Mir geschehe, wie du es gesagt hast ..."

Damals planten die Oberen unseres Ordens eine Neugründung in der Nähe von Breslau. Wie es hieß, war Schwester Benedicta für diesen ersten schlesischen Karmel vorgesehen und brannte darauf, als unsere Schwester in ihre Heimat zurückzukehren. Immer wenn sie hörte, dass unsere Angehörigen aus Köln oder der Umgebung ans Gitter ins Sprechzimmer kamen, sprach sie davon, dass sie in Breslau ihre Mutter würde sehen können. Wir spürten den Schmerz in ihren Worten, denn ihre Mutter hatte sie nicht in Frieden gehen lassen.

Dabei war der Gang in eins unserer beiden Besuchszimmer oft eine schwere Prüfung. Wie viel Geschwätz brachten die Besucher in unsere Stille. Aber auch wie viel ausgesprochene oder nur spürbare Not. Manches wurde uns ans Herz gelegt, was wir kaum ertragen konnten. Je länger die Partei des Führers regierte, desto leiser wurden die Stimmen, desto bedrohlicher die Nachrichten. Durch das doppelte Gitter kroch die Angst in unsere Geborgenheit.

Sie, die am ehesten von den politischen Veränderungen betroffen war, Schwester Benedicta, Nicht-Arierin, blieb lange Zeit heiter und zuversichtlich. Sie zeigte uns Bilder ihrer Nichten und Neffen, reizender Kinder mit frohen Gesichtern.

Plötzlich sagte Clara laut und deutlich: „Die sehen aber jüdisch aus."

Benedicta erstarrte. Unsere Mutter blickte in die Runde und formte dann sehr langsam, sehr deutlich einen Satz: „Gott hat die Juden zu seinem Volk erwählt."

Wir sahen zu Boden. Das Bild verschwand. Benedicta ging lautlos hinaus.

Sie fürchtete nichts für sich. Aber die Briefe ihrer Angehörigen beunruhigten sie mehr und mehr und löschten schließlich das Lächeln von ihren Lippen.

Einige Zeit später wurde klar, dass unsere Schwester nicht in den neu gegründeten Karmel nach Pawelwitz übersiedeln würde. Eine Nicht-Arierin in einer Neugründung, und dann noch regelmäßige Besuche von jüdischen Angehörigen – das schien den verantwortlichen Schwestern zu gefährlich. Man sagte ihr, dass ihr auch für ihre wissenschaftliche Arbeit dort zu wenig Zeit bleiben würde. Und seltsam – trotz aller Probleme: Da waren wir auf einmal sehr froh, dass sie bei uns blieb.

Sie fügte sich schweigend. Ihre Miene verriet keine Enttäuschung. Aber etwas von der kindlichen Fröhlichkeit, mit der sie unsere Herzen gewonnen hatte, verlor sich. Es fiel auch auf, dass sie immer weniger aß. Mutter Teresia Renata sprach sehr ernsthaft mit ihr, aber sie schüttelte nur den Kopf: „Mein Magen …"

Der Arzt kam und konnte nichts feststellen. „Ein nervöses Leiden", konstatierte er. „Sie ist Jüdin?" Damit war für ihn alles klar.

Als wir im März '36 wählen gingen, ausnahmsweise die Klausur verlassend, blieb sie als einzige an der Schwelle zurück: Sie hatte kein Wahlrecht mehr.

„Wählt nicht das Böse", flehte sie uns an. Einige waren unsicher: Hatte nicht – trotz aller Fehler, die seine Anhänger begingen – Gott selbst Hitler als unseren Führer berufen?

Während wir zum Wahllokal eilten und so schnell wie möglich wieder zum Kloster zurückkehrten, lag sie in der Kirche auf den Knien und rang mit dem Engel, der schon den bitteren Kelch für ihr Volk in den Händen hielt.

Wenige Wochen später traf sie ein neuer Schlag: Schwer krank lag die Mutter in Breslau, es ging auf das Ende zu, und sie konnte nicht bei ihr sein. Wenn wir zusammen saßen, beschwor Benedicta uns, für die alte Frau zu beten. Noch früher als sonst kniete sie jeden Tag im Nonnenchor, und eines Morgens, nach der Heiligen Messe, brachte Mutter Teresia Renata ihr die Nachricht: „Deine Familie hat angerufen. – Deine Mutter ... Deine Mutter ist gestorben."

„Ich wusste es. Sie war so nahe bei mir, als ich in der Kapelle kniete. Ich fühlte: Sie ist bei Gott."

Mehrere Schwestern stützten sie beim Gang in ihre Zelle, und die Ehrwürdige Mutter blieb einige Zeit bei ihr. Wir anderen zogen uns zurück, in Gedanken versunken: Woher wollte sie wissen, dass ihre Mutter bei Gott sei? Eine ungläubige Jüdin!

„Ich weiß es."

Wir vereinten uns im Gebet; die fremde, strenge Frau, die keine von uns kannte, begegnete uns in dem überwältigenden Schmerz unserer Schwester. Er hat sie verändert, und zum ersten Mal sprach sie von der Klausur als einem Opfer, das sie auf den Altar des Heilands gelegt habe.

Sie hatte nicht Abschied nehmen können, das war ihr bitter und schwer.

„Lass die Toten ihre Toten begraben", riefen wir der Schwester zu. Sie schüttelte den Kopf.

„Nein, nein, das ewige Licht wird ihr leuchten. Ich weiß es."

Wir schwiegen und zweifelten in unseren Herzen: eine Jüdin, die den Sohn Gottes verachtete, sollte dennoch gerettet werden? War nicht die Kirche allein Vermittlerin des Heils? Wie groß dachte Schwester Benedicta von Gott, wie klein von seinen Vertretern auf Erden. Durften wir das? – Keine von uns wagte es auszusprechen.

Aber unser himmlischer Vater lässt uns nicht ohne Trost. Jubelnd verkündete sie uns eines Abends, es war in der Vorweihnachtszeit, dass eine ihrer leiblichen Schwestern nach Köln kommen würde, um sich taufen zu lassen.

Die Vorbereitungen auf den Besuch erfüllten sie mit großer Freude. Als wir beim abendlichen Zusammensein kleine Geschenke einpackten, sprach sie davon, was für ein großes Geschenk dies für sie sei. Wir lachten und scherzten, dass wir dann eigentlich auch ihre Schwester in Geschenkpapier hüllen müssten – da stellten unsere Novizinnen fest, ihnen fehle noch das Band zum Verschnüren der Päckchen. Benedicta ging sofort in ihre Zelle, um welches zu holen.

Erst nach einer Weile fiel uns auf, dass sie längst wieder da sein müsste. Veronika ging, um nach ihr zu schauen – und fand sie am Fuß der Treppe, leise wimmernd und hilflos hüstelnd. Sie war gestürzt und hatte nicht gerufen, weil im Treppenhaus Schweigepflicht herrschte. Als ob wir nicht im Notfall das Recht hätten zu schreien! Entsetzt lief alles zusammen. Und einige waren sehr böse, dass sie das Gesetz höher gestellt hatte als die Notwendigkeit, Hilfe herbei zu rufen.

„Denk doch nur an Jesu Worte vom Esel, der am Sabbat in den Brunnen fällt ..."

Veronika und Clara versuchten ihr aufzuhelfen, aber sie stöhnte vor Schmerz, als die beiden sie berührten. Schnell wurde aus der

Nachbarschaft ein Arzt geholt. Es gelang uns, die Verletzte auf einen Stuhl zu setzen, den wir nahe an die Tür rückten.

Der Arzt schüttelte nur den Kopf, als er die schlaff herunterhängende Hand, den verdrehten Fuß sah. Ein Krankenwagen sollte kommen. Wir liefen wie eine Schar aufgescheuchter Hühner um sie herum. Jede wollte ihr noch etwas Liebes tun, vor Aufregung vergaßen wir, ihre Zahnbürste einzupacken, aber das Gebetbuch vergaßen wir nicht. Tränen liefen ihr übers Gesicht, hilflos drehte sie sich um. Wir streichelten sie und trösteten.

„Aber wenn Rosa jetzt kommt …"

Die Mutter versprach ihr, sich um alles zu kümmern. Da fuhr der Krankenwagen vor. Zwei grobe Männer legten sie auf die Trage und scheuchten uns zur Seite. Sie stöhnte. Die Schmerzen müssen grässlich gewesen sein. Als die Mutter Benedicta noch segnen wollte, waren die Männer schon aus der Tür. Man brachte sie ins Krankenhaus der Dominikanerinnen. Wir drängten uns zum Gebet zusammen. Zwei Adventskerzen flackerten in der Dunkelheit.

Rosa Stein aus Breslau kam am 16. Dezember. Wir schickten sie mit einem Begleiter ans Krankenbett. Dort saß sie dann stundenlang und ohne Gitter bei ihrer Schwester – und was ein Unglück gewesen war, wandte sich für die beiden zum Segen. Sie konnten ohne zeitliche Begrenzung miteinander sprechen. Auch wenn Benedicta anschließend wie ein kleines Kind erst wieder laufen lernen musste: Nie hat sie geklagt, denn bei der Taufe ihrer Schwester saß sie im Rollstuhl auf der Krankenempore der Kirche und konnte die Feier miterleben. Das war ihr wichtiger als alles andere.

Mit je einem Gips an Hand und Fuß kehrte sie strahlend zu uns zurück. Wochenlang bewegte sie sich nur mühsam und unter Schmerzen durch die Räume. Aber sie fehlte bei keiner Messe. Und da „nur" die linke Hand gebrochen war, saß sie schon bald wieder trotz eisiger Kälte an ihrem Schreibtisch und schrieb liebevoll besorgte Briefe an Angehörige und Freunde:

*„Ihnen wünsche ich von Herzen den Frieden Christi, der über alle Vernunft ist, als besten Schutz auf allen Ihren Wanderfahrten ..."*

Im Jahr 1937 feierten wir ein großes Fest: 300 Jahre bestand unser Kölner Karmel. 300 Jahre ein Ort des Gebets mitten in der großen Stadt, ein Ort der Stille im Lärm, aufgelöst unter politischem Druck und neu entstanden, erst in der Schnurgasse, dann in der Dürener Straße – aber immer der gleiche Ort, ein „heiliger Berg", von dem aus Menschen stellvertretend für die vielen in ihren Alltagspflichten Gefangenen zu Gott rufen wie einst der große Prophet Elia auf dem Berg Karmel im Norden Israels. Und wie Gott auf das Bitten Elias hin Regen sandte, um das vertrocknende Land fruchtbar zu machen, so flehten wir um seinen Segen für unsere aus den Fugen geratene Welt.

Einst hatte die Gründerin des ersten Kölner Karmels 1637, mitten im schrecklichen Dreißigjährigen Krieg, eine Marienstatue als Geschenk erhalten. Mutter Isabella gab diesem Bildnis den Namen Maria Regina Pacis – Maria, die Friedenskönigin. „Maria vom Frieden" nannten die Menschen unsere milde Patronin, die trotz der reich geschmückten Krone und des mächtigen Zepters keine Gewalt übte, sondern in Liebe der Welt ihr Kind hingab.

Generationen haben vor diesem Bild geweint und gefleht: Frieden! Und aus den segnenden Händen des Kindes empfingen sie Trost. Auch unser Flehen kam aus der tiefsten Not: Man schleppte Menschen fort und niemand wusste, wohin: Priester, die mutig aufbegehrten, Nachbarn, die ihr Recht in Anspruch nahmen, Familien, die treu zur Kirche hielten. Erste Nachrichten sickerten durch aus Gefängnissen, in denen gefoltert wurde.

Schwester Benedicta klagte mit leiser Stimme: Ihre Geschwister rüsteten zur Ausreise. Heimatlos würden sie irgendwo um ihre Existenz kämpfen müssen. Und die, die blieben, sahen in eine finstere Zukunft.

Das Leid verwandelte die kindliche Freude, mit der Benedicta zu uns gekommen war, in einen Glanz von innen her. Wir sahen es voll Sorge. Besonders unsere jüngste Novizin, Teresia Margareta vom Herzen Jesu, hing mit andächtiger Liebe an ihr. Und als zum großen Jubiläum das Gnadenbild der Friedenskönigin in feierlichem Zug in unsere Kirche getragen wurde, da flüsterte Margareta mir plötzlich zu: „Es ist *ihr* Gesicht."

Ich verstand erst nicht, was sie meinte, aber dann fiel mein Blick auf unsere ganz versunkene Schwester – und wirklich: Da waren dieselbe Innigkeit und derselbe Schmerz wie im Gesicht der Gottesmutter eingegraben.

„Ave Maria, gratia plena …"

„… du Gnadenreiche", sangen wir und fühlten die Nähe des Heiligen mit Schaudern und Freude. Es war, als wollte Gott uns für den schweren Weg, der vor uns lag, stärken.

Unsere alte Schwester Clara, jahrelang Herrin der Küche und unermüdliche Arbeiterin im Garten, wurde schwächer und schwächer. Mit Bitterkeit legte sie den Spaten aus der Hand und murmelte: „Zu nichts mehr nütze."

Ihren Augen wurden trüb, ihre Hände bewegten sich unruhig. Was der Arzt unserer Mutter sagte, erfuhren wir nicht, aber die ausgezehrten Wangen ließen Schlimmes befürchten. Kaum behielt sie noch Nahrung bei sich. Es wurde Herbst, und wir fürchteten mit ihr den Winter.

War es Weisheit? War es kluge Einsicht in die Seelen der ihr Anbefohlenen? Oder erinnerte sich unsere Mutter daran, dass Benedicta im großen Krieg als Krankenpflegerin tätig gewesen war? Ich weiß es nicht. Aber wir hörten mit leisem Schrecken, dass ausgerechnet Benedicta zur Pflege der Kranken bestellt wurde. Ihre Bücher blieben wochenlang unberührt auf dem kleinen Tisch liegen.

An den letzten schönen Spätsommertagen wickelte Benedicta die Kranke in mehrere Decken und schob sie in den Garten. Wenn sie sich entfernte, rief Clara schon wieder nach ihr. Oft kam sie außer Atem zum Chorgebet in die Kapelle. Es galt nicht nur die tief gedrückte Stimmung der Kranken aufzuhellen. Auch die Bettwäsche musste oft gewechselt werden, und um ein Mindestmaß an Nahrungsaufnahme zu garantieren, erfüllte Benedicta der Kranken jeden Wunsch. Sie eilte treppauf, treppab, Wäsche unter dem Arm, ein Glas eingemachtes Obst in der Hand. In der Küche machte sie Wasser warm, um die Kranke zu waschen, und schleppte die volle Schüssel durch die Gänge.

„Wenn ich nichts mehr tun kann, warum soll ich euch dann noch zur Last fallen?"

„Aber unser Herr hat doch nie danach gefragt, ob jemand nützlich sei oder nicht."

„Er hat die Kranken geheilt."

„Ja, damit sie ihn lobten."

„Ach, ich kann ja auch nicht mehr mit euch beten."

„Aber dein stilles Gebet wird genauso erhört."

„Bleib bei mir!"

„Es ist Zeit für die Vesper."

„Ja, ja, du kannst gehen. Ach, könnte ich mit ..."

„Ruh dich aus, liebe Schwester. Dein Leben war Arbeit und Mühe. Der Herr weiß es."

Oft seufzte Benedicta, wenn wir beieinander saßen: „Was kann ich tun, dass sie nicht verzagt?"

„Beten." Das war der einzige Rat, den wir geben konnten.

„Und sie soll für uns beten. Das kann sie, so schwach sie ist."

„Wir werden ihr alle unsere Anliegen bringen", sagte die Mutter schließlich. „So tritt sie für uns vor Gott ein – und er wird sie hören, denn die Demütigen erhört er."

So gingen wir nach und nach an ihr Krankenbett. Und wirklich, ihr Gesicht hellte sich auf.

„Ja, ich werde für deine Nichte beten, dass sie zum Glauben zurückfindet."

„Ja, ich habe die ganze Nacht, als ich große Schmerzen hatte, an deinen Bruder im Gefängnis gedacht. Wie klein sind doch meine Schmerzen gegen seine Not."

„Ja, ich habe mich ganz in die Nacht von Gethsemane versenkt, wo unser Herr litt, und die Verfolgten aus seinem Volk ihm anvertraut …"

Tag und Nacht lag sie mit gefalteten Händen, richtete sich auf, wenn sie konnte, kniete in ihrer Bank und ließ sich nur widerwillig zurückbringen. Sie verlangte ihrem Körper das Äußerste ab und Benedicta stützte sie und führte sie und hielt in unruhigen Nächten ihre Hand. Schließlich sorgten wir uns um die Pflegerin kaum weniger als um die Kranke, denn Benedicta konnte vor Müdigkeit kaum mehr stehen. Die Mutter erkannte, dass es Zeit war, und entband sie von ihrer Pflicht. Schwester Veronika übernahm die Pflege.

Wenige Wochen später starb Clara.

Wir standen um ihr Bett und beteten: „Omnipotens et misericors Deus …"

„Allmächtiger und barmherziger Gott, du hast dem Menschengeschlechte die Arzneien des Heiles und die Gaben des ewigen Lebens geschenkt …"

Sie griff nach den Händen derer, die ihr am nächsten standen. Als Benedicta sich über sie beugte, murmelte sie etwas, was niemand mehr verstand, und versuchte die Hand zu heben. Aber die Kraft reichte nicht mehr. Sie schloss die Augen, der Atem wurde schwächer. Benedicta hielt die Hand der Toten.

Wir versammelten uns in der Kapelle, um zu beten.

„Requiem aeternam dona eis, Domine: et lux perpetua luceat eis …"

„Herr, gib ihnen die ewige Ruhe, und das ewige Licht leuchte ihnen …"

So brachte uns das Frühjahr nicht nur kalte Winde und frostige Nächte bis in die Osterzeit hinein. Es brachte uns auch das Leiden, die Versuchung, den Tod.

Am Palmsonntag, es war der 10. April, sollten wir wieder „wählen": Wahl aber bedeutete 1938 nur noch „Ja" oder „Nein".

Die Unruhe war groß. In der abendlichen Rekreation diskutierten wir erbittert, ob man es noch wagen könne, „Nein" anzukreuzen. Würde man nicht, auch wenn außer uns noch viele andere im Wahllokal ihre Stimmen abgaben, aus einer größeren Zahl von Nein-Stimmen sofort auf uns schließen? Und was würde daraus folgen?

Ich gestehe, dass ich zu den Ängstlichen gehörte, zum Martyrium noch keineswegs bereit, voller Sorge um das eigene Leben und das der Schwestern.

Benedicta hörte unseren Gesprächen lang zu. Dann schüttelte sie heftig den Kopf.

„Schwestern, seht ihr denn nicht? Hört ihr nicht? Was ist unser Leben, wenn der Wille Gottes mit Füßen getreten wird? Wollt ihr euch denn nicht mit aller eurer Kraft dem Unrecht entgegenwerfen?"

Wir schwiegen. Es war Fastenzeit, und das Leiden unseres Heilands stand uns in jedem Gebet vor Augen.

Schweigend gingen wir auseinander und warfen uns vor dem Kreuz nieder: „Ave crux, spes unica ..." – „Sei gegrüßt, Kreuz unseres Herrn, einzige Hoffnung ..."

Der Sonntag kam. Nach der Messe bereiteten wir uns darauf vor, die Klausur zu verlassen und wählen zu gehen. Benedicta würde wieder zurückbleiben, voller Sorge, dass wir die Kraft nicht aufbringen könnten, mit „Nein" zu stimmen. Aber bevor wir das Haus verließen, wurde heftig geklingelt. Drei Männer in Uniform grüßten höflich und erklärten, dass sie uns den Gang ins Wahllokal, der doch unserer Lebensregel widerspreche, ersparen wollten. Sie stellten eine verplombte Urne ins Besuchszimmer, zogen eine Liste aus der Tasche und forderten uns auf, nacheinander mit unserem Personalausweis ans Gitter zu kommen.

Mir wankten die Knie, als ich an der Reihe war. Die Herren hakten meinen Namen auf ihrer Liste ab, ich erhielt einen Wahlzettel durchs Gitter und zögerte. Mit schweren Schritten, die Daumen unter den Gürtel seines Mantels gesteckt, ging einer der drei vor dem Gitter auf und ab. Die anderen beiden sahen mich erwartungsvoll an, der kleinere grinste. Ich hielt mit zitternder Hand den Stift und machte mein Kreuz – faltete das Blatt schnell zusammen und der Grinsende nickte mir zu, als wollte er sagen: „Na siehst du, es geht doch."

Ich wankte zurück in den Gang und musste mich auf der Toilette übergeben, während die anderen nach und nach durch die Tür ins Besuchszimmer gingen.

„Sie können doch sehen, ob wir das Kreuzchen oben oder unten machen", flüsterte Veronika.

„Seid standhaft, Schwestern", mahnte Mutter Josepha.

Als Letzte ging Mutter Teresia Renata ans Gitter. Wir standen hinter der Tür und hörten, wie einer der drei Männer sie fragte: „Das waren alle?"

„Ja."

„Aber ich habe noch eine auf der Liste: Dr. Edith Stein."

Unsere Mutter antwortete mit fester Stimme: „Schwester Benedicta ist nicht wahlberechtigt. Sie ist jüdischer Abstammung."

„Aha."

Die Männer nahmen die Urne und verließen das Haus. Die Tür klappte, ihre Schritte verklangen auf dem Weg zur Gartenpforte. Wir flüchteten in die Kapelle, wo Benedicta kniete. Sie empfing uns mit ausgebreiteten Armen, als könnte sie uns beschützen, sie, die doch am meisten gefährdet war.

Jedes Mal wenn in den folgenden Tagen die Glocke ging, erwarteten wir Schlimmstes. Und es war ausgerechnet Schwester

Benedicta, die zur Wächterin der Klausur bestimmt worden war. Sie hatte als Einzige neben Mutter Teresia Renata den Schlüssel zur Winde, dem Drehkasten am Eingang, und musste jede Nachricht, die jemand dort hineinlegte, entgegennehmen und weiterleiten. Und sie ging ans Telefon, wenn es schrillte und uns aus unserer Stille aufschreckte. Da sie jedoch ihre Vorbereitung zur Feier der Ewigen Gelübde in jenen Tagen begann, wurde sie von dieser Aufgabe entbunden und durfte sich ganz ins Gebet zurückziehen. So blieb sie still und unsichtbar, während wir noch tagelang von Angst und Unruhe umgetrieben wurden.

Es war die Woche vor Ostern. Nach und nach senkte sich ein heiliges Schweigen über unsere kleine Gemeinschaft und half uns, wieder ruhig zu atmen. Gesang und Halleluja verklangen angesichts des Leidens Christi auf dem Weg ans Kreuz. Blumen und Kerzen wurden hinausgetragen. Die Dunkelheit der Nacht von Gethsemane umfing uns, und die Reue brach in heftigem Schluchzen heraus: dass wir „Ja" gesagt hatten zu dem Feind der Kirche, den Herrn verraten hatten wie Judas, verleugnet wie Petrus, dass wir sein Leiden vermehrt hatten durch unsere Sünde – und der Hahn krähte in unseren Herzen.

„Ave crux, spes unica …"

Immer inbrünstiger wurden unsere Gebete – und jedes Mal, wenn es in der Stille schellte, schrien wir in unseren Herzen zu Gott: „Domine, non secundum peccata nostra, quae fecimus nos …" – „Handle nicht, o Herr, nach unseren Sünden …"

Aber es lag dann nur ein Brief oder ein Buch oder eine Gabe zum Osterfest in der Winde.

Als endlich in der Nacht vor Ostern das erste Licht aufleuchtete, wuchs neue Hoffnung. Hatte uns der barmherzige Gott aufgespart? Durften wir unter dem Schutz der Friedenskönigin weiter leben und beten? Blieb unser Karmel eine Insel des Friedens inmitten der Angst?

„Precamur ergo te, Domine: ut nos famulos tuos ... quiete temporum concessa ..."

„Wir bitten dich, o Herr: Gewähre uns Tage des Friedens ..."

Schwester Benedicta strahlte. Immer näher kam der Tag, an dem sie endgültig mit den Ewigen Gelübden aus der Welt schied, um vor Gott und für Gott allein zu leben, um in Liebe dem Hass zu begegnen und in aller Demut daran mitzuwirken, dass nicht Gewalt und Tod das letzte Wort haben.

Wir feierten am 21. April in der Stille unserer Schwesterngemeinschaft diesen großen Tag. Wenige Tage später erhielt Benedicta die Nachricht vom Tod ihres Lehrers Edmund Husserl. Selbst wir, die wir diesen Namen außer von ihr nie gehört hatten, fühlten die Trauer mit, als sie uns erzählte, wie er gestorben sei.

„Er hat sich gelöst, abgelöst von allem, was ihn noch an die Welt band. Er ist heimgeholt worden: Seine Suche nach Wahrheit, die ihn sein Leben lang antrieb, hat ihre Erfüllung gefunden. ‚Ich habe etwas Wunderbares gesehen', erzählte er den Frauen, die bei ihm wachten. Welch eine Gnade!", und sie bat uns, für ihn zu beten.

In Demut und Ergriffenheit tauschte sie an dem folgenden Sonntag den weißen Schleier der Novizin gegen den schwarzen der für immer gebundenen Schwestern. Wenige Freunde kamen zu der Feier, man erinnerte sich nicht mehr an die einst so bekannte Philosophin. Es war zu viel Unruhe, zu viel Angst und zu wenig Glaube in den Herzen.

Auch Benedictas Arbeiten blieben liegen. Kleinere Beiträge wurden angefordert und dann doch nicht veröffentlicht. Es war unklar geworden, ob ihr großes Werk vom „Endlichen und ewigen Sein" noch erscheinen könnte – die Arbeit vieler Jahre, vieler Tage und Nächte, aber das Werk einer Jüdin. Unter Tränen bat ich Gott um Verzeihung für meinen Neid und meine Missgunst in der Zeit, in der Benedicta daran geschrieben hatte. Inbrünstig flehte ich, der

Allmächtige möge die Herzen der Menschen bewegen, dass Benedictas Werk doch noch gedruckt werden könnte. Aber Gottes Gedanken sind nicht unsere Gedanken.

Mit leiser Stimme sagte sie uns, als wieder ein hinhaltender Bescheid vom Verlag kam: „Ich fürchte, liebe Schwestern, ich habe umsonst gearbeitet."

Der Sommer ging dahin mit Festen und Freuden, alltäglichen Verrichtungen und inständigem Gebet.

„Sie ist in Gefahr", wiederholten die Schwestern, wenn ihnen Nachrichten von draußen gebracht wurden.

„Sie ist für uns eine Gefahr", sagten andere.

Briefe gingen hinaus und kamen herein. Benedicta wurde blasser und stiller. Nur manchmal erzählte sie mit leiser Stimme von den Leiden, die ihre Geschwister ertrugen, von der Heimatlosigkeit, der Angst.

Und dann brannten die Synagogen. Verschreckte Menschen schlichen in unser Besuchszimmer, flüsterten durchs Gitter, erzählten von Zerstörung und Mord: „Alles kaputt ... alles ..." Und vom Hohnlachen der Gewalttäter, dem Stampfen der Stiefel, dem Geschrei: „Juda, verrecke!"

Sie erfuhr davon, obwohl wir schwiegen. Lange sprach sie mit unseren Müttern. Dann wurden die entscheidenden Briefe geschrieben: nach Holland, wo in Echt schon einmal Karmelschwestern Zuflucht gefunden hatten. Uns erzählte sie von Esther, jener Jüdin, die für ihr Volk vor dem mächtigen persischen König einstand und es rettete.

„Ich weiß, dass ich mein Volk nicht retten kann, aber ich will mich vor dem Herrn aller Herren niederwerfen und mich selbst als Opfer anbieten."

„Ich muss stark sein wie Esther. Ich bin so nahe beim Herrn, näher als alle anderen. Ihm muss ich es sagen, immer wieder, bis er sich erbarmt. Helft mir beten, Schwestern!"

Mit bebender Stimme las sie aus dem Buch Esther: „Herr, unser König, du bist der einzige. Hilf mir! Denn ich bin allein und habe keinen Helfer außer dir; die Gefahr steht greifbar vor mir. Von Kindheit an habe ich in meiner Familie und meinem Stamm gehört, dass du, Herr, Israel aus allen Völkern erwählt hast; du hast dir unsere Väter aus allen ihren Vorfahren als deinen Erbbesitz ausgesucht und hast an ihnen gehandelt, wie du es versprochen hattest. Denk an uns, Herr! Offenbare dich in der Zeit unserer Not, und gib mir Mut, König der Götter und Herrscher über alle Mächte! Rette uns mit deiner Hand! Hilf mir, denn ich bin allein und habe niemand außer dir, o Herr!"

Ihre Stimme erstickte im Weinen und wir seufzten ein „Amen".

Adventskerzen brannten, kleine Stummel, als die Mutter uns im Rekreationszimmer zusammenrief, um einen Beschluss zu fassen.

„Ab dem 1. Januar muss in den Ausweis jedes Menschen jüdischer Abstammung ein J eingetragen werden. Und der Name Sarah muss ergänzt werden. Nun haben die Schwestern von Echt unsere Schwester Benedicta herzlich eingeladen, um ihr eine Luftveränderung zu ermöglichen. Seid ihr damit einverstanden, dass unsere Schwester dieser Einladung folgt und noch in diesem Jahr für eine unbestimmte Zeit in den Echter Karmel übertritt?"

Es war totenstill. Unser jüngstes Schwesterlein weinte lautlos in ihr Tuch. Mir war die Kehle wie zugeschnürt.

Die Mutter fragte und die weißen Kugeln rollten in den hölzernen Becher. Sie verkündete das Ergebnis leise und unter Tränen, aber doch erleichtert. Benedicta saß schweigend dabei.

Die Tage flogen dahin. Wir feierten noch das Weihnachtsfest miteinander. Aber unser Gesang klang in meinen Ohren kläglicher denn je – wie ein Wimmern vor der Krippe des göttlichen Kindes.

„Quare fremuerunt gentes …?"

„Warum toben die Heiden und planen Torheit die Völker …?"

Sie packte: einige wenige Bücher, die voll geschriebenen Seiten ihres umfangreichen Manuskripts (vielleicht, vielleicht fand sich ja doch noch ein Verlag im Ausland …), ein paar Briefe und Fotos. Es war wenig.

Ein Auto und zwei Begleiter standen zur Verfügung. Der Grenzübertritt sollte in der Nacht erfolgen. Also brachen sie am Nachmittag auf. Ein kurzer Aufenthalt vor dem Gnadenbild der Friedenskönigin in der Schnurgasse war geplant. Dort wollte Benedicta den Segen für diese Reise erflehen.

Es dämmerte schon. Wir drängten uns im Flur aneinander. Mutter Teresia Renata führte sie aus ihrer Zelle. Jede drückte oder küsste noch einmal ihre Hand. Die Mutter sprach den Reisesegen über ihr.

„Angelis suis Deus mandavit de te …"

„Seine Engel hat Gott zu deinem Schutz befohlen: sie sollen wachen über dich auf allen deinen Wegen. Auf ihren Händen sollen sie dich tragen, dass niemals dein Fuß an einen Stein du stoßest. Auf Schlangen und Nattern schreitest du, zertrittst den Löwen und den Drachen."

Dann überschritt sie die Schwelle, ihr Köfferchen in der Hand. Dr. Sterath, dem das Auto gehörte, und Pfarrer Sudbrack nahmen sie in die Mitte.

Wir blieben zurück. Verwundet. Ratlos. Die Mutter rief uns zum Gebet in den Chor der Kirche. Nur die Pfortenschwester sah die roten Rücklichter in der Dämmerung verschwinden.

# 10. Kapitel

Am 10. Mai 1940 fällt die Deutsche Wehrmacht ohne Kriegserklärung in den Niederlanden ein und erobert das Land trotz erbitterten Widerstandes innerhalb von fünf Tagen.

Reichskommissar Seyß-Inquart wird als Leiter der Zivilverwaltung eingesetzt. Für die Durchsetzung der deutschen Rassegesetze sind die örtlichen SS-Führer und die Generalkommissare zuständig.

Jüdische Bürger werden registriert. Der Bürgermeister von Echt, ein guter Freund des dortigen Karmel, gibt für den Ort fünf Namen an, darunter Edith Stein und ihre Schwester Rosa, die seit 1939 auch in Echt lebt.

Anfang 1942 schließen sich die niederländischen Kirchen zusammen, um gegen die Deportationen holländischer Juden zu protestieren. Der Reichskommissar bietet an, die getauften Juden zu schonen, wenn die Kirchen von öffentlichen Protesten absehen. Die katholischen Bischöfe verfassen jedoch einen gemeinsamen Hirtenbrief und lassen ihn in den Gottesdiensten verlesen. Am Tag darauf wird die Deportation der katholischen Juden beschlossen.

Am Sonntag, dem 2. August, werden Edith und Rosa Stein verhaftet und nach Roermond, anschließend nach Amersfort gebracht.

## *Der SS-Offizier*

Einmarsch in Holland. 10. Mai 1940. Mein Chauffeur sang ununterbrochen: „Tulpen aus A-A-Amsterdam …" Aber die meisten Tulpen waren schon verblüht.

Ganze fünf Tage dauerte der Widerstand, dann unterschrieben sie die Kapitulation. Unsere unbesiegbare Wehrmacht stand schon fast vor Paris, alles niederwalzend, was sich ihr in den Weg stellte. Das hatte die Welt noch nicht gesehen.

Wäre auch gern weiter mit ihnen marschiert, mit den strahlenden Jungs in ihren schmucken Uniformen. Aber Disziplin ist alles, sagten wir, das garantiert uns den Sieg: Disziplin. Nicht fragen. Nicht fordern. Gehorchen.

War hart, zurückbleiben zu müssen. Eine Übung in Disziplin. War ja klar: Es musste hinter der Front Ordnung geschaffen werden. Holland, so hieß es, sollte einmal zum „Großgermanischen Reich" gehören. Also: Vorbild sein.

Mein Platz war die Provinz Limburg, ganz im Südosten, gleich an der Grenze. Langweilig. Hörte nur noch im Radio von den Siegen, saß auf einer staubigen Amtsstube – Ortskommandantur Roermond – und versuchte mich mit den Leuten zu verständigen. Diese Laute, von den Bewohnern wie ein Knurren ausgestoßen, hörten sich für mich an wie Chinesisch. Wenn ich es geschrieben sah, war es einfacher. Fast wie Deutsch. Sie würden nur ein wenig umlernen müssen, was die Sprache anbetraf.

Behandelten sie natürlich korrekt, freundlich sogar. Übersahen die finsteren Blicke. Ein Volk braucht lange, ehe es begreift, was seine historische Aufgabe ist. Also Geduld haben, zumindest in unwichtigen Dingen, sagte der Chef, Seyß-Inquart. Auch wir Deutsche hätten lange gebraucht, ehe wir erkannten, wer uns in eine glorreiche Zukunft führen würde.

Aber Widerstand wurde nicht geduldet, mit den Stiefeln zertreten, ehe er überhaupt das Haupt heben konnte. Die Intellektuellen an den Universitäten waren schnell zum Schweigen gebracht. Leyden und Delft haben wir geschlossen. Verplombte Wagen fuhren nach Osten. Da merkten sie: Wir meinten es ernst.

Natürlich alles korrekt. Wer seine Pflicht tat, mit dem Hitlergruß grüßte und sich den Absichten der Zivilverwaltung nicht in den Weg stellte, der konnte seelenruhig seinen Geschäften nachgehen. Kein Kommunist, keine Gewerkschaft hinderten ihn. In den Kirchen wurden Gottesdienste gehalten wie vorher. Mit der Ausrottung allen Aberglaubens sollten wir warten bis zum Endsieg, verlautete aus der Reichsführung. Es gab schon Ideen, wie man die Welt neu ordnen würde. Der Reichsführer SS hatte eine Burg gefunden, irgendwo im germanischen Stammland, die geistiges Zentrum unseres Glaubens werden sollte – aber noch band der Krieg unsere Kräfte. Noch. Disziplin. Abwarten. Auch wenn man mit 24 ungeduldig ist.

Also: Amtsstube. Aktendurchsicht. Konferenzen. Die Bürgermeister zitieren. Und die erste große historische Aufgabe in Holland angehen: Säuberung von rassisch minderwertigen Elementen, sprich: Juden.

Sie waren – wie lächerlich! – aus dem Reich über die Grenze geflohen, hatten gemeint, hier wären sie vor uns sicher! Und die holländische Regierung hatte uns den Gefallen getan, sie in Lagern zu sammeln. Wir brauchten nur noch Stacheldraht drumherum zu legen.

Natürlich alles korrekt, abgezählt, nach Frauen und Männern sortiert. Wir legten Listen an. Es gab genug Holländer, die äußerst kooperativ waren. Denen gefiel es auch nicht, dass die „Emigranten" wie Heuschrecken über ihr Land herfielen und alles wegfraßen.

„Bringt sie nach Russland", sagte einer zu mir. Erwiderte nur: „Geduld, Freund. Es wird sich eine Lösung finden. Auch im Reich haben wir noch nicht ganz aufgeräumt."

Traf im Lager sogar ein altes Weib aus Nürnberg wieder. Hab bei der als Kind Äpfel vom Gemüsestand gestohlen. Sie ist emigriert – ohne Gemüse. Sah alt aus, die Frau. Ihr Mann war nicht dabei. Gibt ja auch jetzt schon andere Himmelsrichtungen, in die Juden reisen. Hab mich der Frau natürlich nicht zu erkennen gegeben, kenne grundsätzlich keine Juden. Würde auch den kleinen Benjamin nicht mehr kennen, der in der Schule neben mir saß und mich Rechenaufgaben abschreiben ließ. Manche Kameraden meinten, der aus ihrer Klasse oder die schwarzhaarige Nachbarin, die seien doch ganz in Ordnung gewesen. Sie müssten mal beim Führer nachlesen: Alles Tarnung. Geschmeiß. Fragte mich da eine, so eine uralte Frau: „Was haben wir euch getan?" Dachte nur: Wenn eine Ameise durch mein Zimmer läuft, frage ich auch nicht, was sie getan hat. Man darf sich nicht täuschen lassen. Von wegen Menschen und so. Bin glücklicherweise ganz unempfindlich, schon in der Schule gewesen. Durfte im Biologieunterricht lebende Frösche sezieren. So muss man sein. Dann kann man mitbauen am neuen Reich.

Also: Juden erfassen. Alle Bürgermeister reichten ihre Listen ein. Gewissenhafte Leute. Manche zitterten ein bisschen, als sie damit ankamen. Erinnere mich: Einer aus dem Dorf Echt wollte erst wissen, was mit den Listen geschehe. Man sagte freundlich: „Geht Sie nichts an." Er wollte seine Liste nicht aus der Hand geben.

„Hinlegen oder Echt hat morgen einen anderen Bürgermeister."

Sah mir die Liste an, als er weg war. Standen fünf Namen drauf. Wurden natürlich polizeilich erfasst.

Wenn sie schlauer gewesen wären, aber sie sind eben dumm, dann hätten die Kerle sich versteckt und vielleicht ein halbes Jahr länger gelebt. Denn gefunden wurden sie alle. Behaupte: alle. Wir arbeiten gründlich. Und nach getaner Arbeit: Langeweile.

Wäre so gern in Paris einmarschiert! Fuhr stattdessen zwischen Maastricht und Venlo auf holprigen Straßen durch langweilige Dörfer. Hätte den Bauern beim Kühemelken zusehen können, hatte aber keine Lust. Mal ein Ausritt, mal ein Bordell. Hätten wir bei der Verhaftung eines Lehrers in Maastricht nicht so einen hervorragend ausgestatteten Weinkeller gefunden – es wäre von Anfang an trostlos gewesen. Aber Disziplin ist alles. Auch in der Provinz.

Ließen alle Juden der Umgebung nach Maastricht kommen, um die Registrierung zu überprüfen. Kam da doch tatsächlich so ein dürres Männchen in seiner Kirchentracht an und erzählte: Die Soundso könne nicht persönlich erscheinen, sie habe ein Gelübde abgelegt.

„Was für ein Gelübde?"

„Dass sie die Klausur nicht verlässt."

„Was heißt Klausur?"

Das Männchen schnappte nach Luft. Ob man in der deutschen Zivilverwaltung nicht wisse, dass Ordensleute abgeschieden von der Welt lebten, um Gott zu loben.

Haute mit der Faust auf den Tisch: „Schluss jetzt. Die Frau kommt oder wir schleppen sie aus ihrem jungfräulichen Bett hierher."

Das Männchen sprach von Gottes Zorn, der uns umgehend vernichten würde, und hatte es eilig, zur Tür hinauszukommen. Der Haftbefehl, den wir gegen ihn erwirkten, erreichte ihn leider nicht mehr: Er hatte sich abgesetzt. Offensichtlich misstraute er der Fähigkeit seines Gottes, uns unterzukriegen. Aber auf diese Weise erfuhren wir, dass es sogar in Klöstern Juden gab. Richtige Nonnen sind schon lächerlich genug, aber jüdische Nonnen! Am Abend beim Rotwein lachten wir uns kaputt.

War wohl am Schreibtisch ein bisschen eingenickt, als sie dann wirklich kam. Die Tür ging. Jemand grüßte, aber nicht „Heil Hitler", sondern: „Gelobt sei Jesus Christus." Glaubte zu träumen, riss die Augen auf. Aber da stand die Nonne vor mir und behauptete Jüdin zu sein. War einfach zu verblüfft, um gleich die richtige Konsequenz zu ziehen und sie so lange ins Zimmer kommen zu lassen, bis sie richtig grüßte. Die andern fanden sie mutig. Naja.

Ende '41 hat man mich versetzen wollen, irgendwohin nach Frankreich. Hatte aber inzwischen ein Mädchen: stramme Arme und Beine, blonde Zöpfe, geeignet als Mutter kräftiger Jungen. Sie heulte erbärmlich. Mein weiches Herz!

Blieb also in Roermond und organisierte weiter. Wir wollten nun endlich zur Sache kommen. Im Osten gab es Arbeit für die Juden, Arbeit bis zum Umfallen. Also ab mit ihnen. Die ersten Züge rollten. So ein paar Tausend waren schon evakuiert. Da mischten sich doch tatsächlich die Kirchen ein.

War schon immer so: stecken ihre Nase in Dinge, von denen sie nichts verstehen, aber auch gar nichts. Es gab verschiedene Kirchen in Holland, mehr als bei uns. Konnte die Namen nicht auseinander halten – solche „reformde" und solche „gereformde". Und natürlich die Katholiken. Die mit der Klausur.

Sie gingen zum Reichskommissar. Na, der hörte andächtig zu. Und unterschrieb den Befehl zum Abtransport. Da wurden sie frech.

Sie schickten doch tatsächlich ein Telegramm an die Chefs, Rauter und Schmid, und an den General Christiansen. Der hätte vermutlich ganz gern seine Ruhe gehabt. Die Wehrmacht hatte andere Sorgen, war ja gerade auf dem Weg nach Moskau. Aber wir waren verpflichtet, für Ordnung zu sorgen.

Bei der Besprechung las Schmid uns vor:

*Die hier unterzeichnenden Niederländischen Kirchen, tief erschüttert durch die Verordnungen gegen die Juden in den Niederlanden, wodurch diese von der Teilnahme am normalen Volksleben ausgeschlossen werden, haben mit Entsetzen Kenntnis genommen von den neuen Verordnungen, wodurch Männer, Frauen, Kinder und ganze Familien weggeführt werden sollen ins Deutsche Reich und die besetzten Gebiete.*

Gelächter. „... *ins Deutsche Reich*", als ob wir sie dort haben wollten!

*Das Leid, das dadurch über Zehntausende gebracht wird, das Bewusstsein, dass diese Verordnungen dem tiefsten sittlichen Empfinden des*

*Niederländischen Volkes widerstreiten, und vor allem das Widerstreben dieser Verordnungen gegen das, was Gott als Forderung der Gerechtigkeit und Barmherzigkeit aufgestellt hat, zwingt die Kirchen, an Sie die dringende Bitte zu richten, diese Verordnungen nicht zur Ausführung zu bringen.*

Schmid sah uns der Reihe nach an.

„Vorschläge, meine Herren."

„Ignorieren."

„Alle Unterzeichner gleich mitschicken."

„Quatsch. Die Front aufbrechen. Einzelne Sonderregelungen anbieten."

„So tun, als würden wir die getauften Juden verschonen. Dann geben sie schon Ruhe. Im halben Jahr fahren auch noch Züge."

Schmid sah mich an.

„Das Kirchenproblem gleich mit lösen."

„Heißsporn", sagte er und winkte ab.

Tatsächlich machte er den Kirchen einen Vorschlag zur Güte. Alle vor dem 1. Januar 1941 getauften Juden sollten verschont bleiben. Vorerst. Aber das sagte er natürlich nicht.

Die eine protestantische Kirche ließ sich darauf ein. Aber die andern lehnten wider Erwarten ab. Hatten wohl vergessen, dass die Juden ihren Jesus damals umbrachten.

Am besten organisiert, das muss man zugeben, war die katholische Kirche. Da gab's Disziplin. Fast wie bei uns. Nur der Zweck war falsch. Sie bestanden darauf, ihr Protestschreiben in allen Kirchen zu verlesen.

Sonntag, 26. Juli. So viele SS-Leute hatte man noch nie in den Kirchen gesehen. War auch dabei – in Roermond. Hörte mir das ganze Gelalle und Gebimmel an, nur um mitzukriegen, dass der Priester tatsächlich mit zittriger Stimme (hatte uns ja schon hereinkommen sehen) vorlas, was seine Oberen zu sagen hatten.

*Darum, liebe Gläubige, flehen wir zu Gott, durch die Fürsprache der Mutter der Barmherzigkeit, dass er der Welt bald einen gerechten Frieden schenken möge. Dass er das Volk Israel, das in diesen Tagen so bitter geprüft wird, stärken möge und es zur wahren Erlösung in Christus Jesus bringen möge. – Dass er jene beschirmen möge, deren Los es ist, in der Fremde zu arbeiten und fern von den Lieben daheim zu leben. Er möge sie beschirmen an Leib und an Seele, sie bewahren vor Verbitterung und Mutlosigkeit, sie treu erhalten im Glauben, und Gott möge auch ihre zurückgebliebenen Angehörigen stärken. – Flehen wir zu ihm um Hilfe für alle Geprüften und Unterdrückten, für Gefangene und Geiseln, für so viele, über die die Wolken der Drohung und Lebensgefahr hängen ...*

In allen katholischen und in einigen evangelischen Kirchen war es genauso. Sie hatten den Mut, ihren schriftlichen Protest zu verlesen und die Gläubigen zum Gebet für die Juden aufzufordern. Nun war es an uns zu zeigen, wie viel Gebete nützen ...

Die Generalkommissare waren schon am nächsten Morgen in Den Haag. Der Chef unterschrieb. Zuerst für die katholischen Juden, 721 Stück. Bekam am Dienstag meinen Befehl auf den Tisch, brauchte nur die Meldelisten aus dem Schubfach zu ziehen und die Route für die Polizeiwagen zusammenzustellen. Geplant war die Aktion für Sonntag, den 2. August. Beginn früh am Morgen. Natürlich streng geheim. Generalstabsmäßig. Und es klappte.

Wie gewohnt: Alle katholischen Juden in unserer Provinz aus den verschiedensten Verstecken gezerrt und ins Lager Amersfort gebracht. An einem Tag. Das soll uns mal jemand nachmachen.

Fuhr selbst mit einem der Wagen, die ganz im Süden aufräumten. Holten um 6.30 Uhr in Geleen eine Nonne aus der Kapelle. War wohl gerade mit dem Beten fertig und kam ohne Widerrede mit. Nur ihre Chefin rang verzweifelt die Hände. Dann ging's weiter nach Marienwaard. Haben hübsche Klöster gebaut, die Katholischen.

Wir schickten Kamerad Wulf ins Haus, er kam lange nicht

wieder. Zu weichlich der junge Mann, muss noch lernen. Schob endlich eine ältere Dame durch die Tür. Die zwei holländischen Polizisten, die wir mithatten, waren doch tatsächlich so höflich, ihr das Köfferchen zu tragen!

„Mensch, war das ein Geheule", schimpfte Wulf.

Die Alte schaffte es natürlich nicht auf die Ladefläche. Ihre Oberin musste ihr helfen (sonst hätten wir's auf unsere Weise getan). Aber dann ging's endlich weiter.

Kamen auf diese Weise erst nachmittags in Echt an. Holten zwei Schwestern aus einem Kinderheim, junge Dinger, 19 und 20 Jahre alt, natürlich aus Deutschland geflüchtet und bei den Nonnen untergeschlüpft. Die frommen Frauen wollten noch mit uns diskutieren, wie nötig sie die Mädchen zur Betreuung der Kinder brauchten. Wir lachten nur. Jüdinnen und arische Kinder betreuen! Das ist vorbei. Endgültig.

War von Koningsbosch nicht weit zu dem andern Kloster in der Bovenstestraat. Hatte auch hier zwei Schwestern auf der Liste, hießen Stein. Eine war die Nonne mit dem „Gelobt sei Jesus ...", die andere so eine Art Dienstmagd. Wulf und ich gemeinsam rein, damit es nicht wieder so lange dauerte. Ließen die Oberin rufen. Betraten natürlich nicht die „Klausur", da wären wir ja gleich ins ewige Höllenfeuer geraten. Warteten höflich im Sprechzimmer.

Die Nonne Stein erschien hinter dem Gitter. Gaben ihr fünf Minuten Zeit bis zur Abfahrt. Sie meinte, sie könne nicht kommen. Wegen der Klausur. Auf meinen Befehl, das Gitter wegzumachen, sie ganz frech: „Tun Sie es doch."

Donnerte: „Wo ist die Oberin?" Die Alte wollte noch mit mir diskutieren, Zeit rausschlagen. Ließ mich auf nichts ein. Sie faselte von Ausreise in die Schweiz, sei schon alles geklärt. Man sagte ihr nicht, dass es in die andere Richtung gehe. Sprach höflich von „Schwester Stein" und wurde deutlicher, als die Frau immer noch Widerworte gab. Sprach von Rückwirkungen auf das Haus und die ihr anvertrauten Damen. Weiß ja, wie man mit denen reden muss. Sie atmete schwer und gab nach. Die andere von den beiden Schwestern, Rosa hieß sie komischerweise, kniete schon an der Tür und wurde gesegnet. Hat auch nichts geholfen, der Segen.

Die Nonne Stein fing dann wieder an von der Schweiz zu reden. Wulf packte sie am Arm und brachte sie zum Auto. Auf der Straße gab es einen Auflauf. Drängelte sich da eine Frau vor, um den beiden heulend die Hände zu schütteln. Hätte die am liebsten auch noch mitgenommen. Hatte aber keinen Befehl. Man war froh, als man endlich im Wagen saß.

Sind dann zur Ortskommandantur nach Roermond gefahren. Da trafen sich die Transporte. Haben dann umgeladen und sind noch Richtung Amersfort aufgebrochen. Nur hat sich der dämliche Chauffeur in der Nacht verfahren und wir kamen erst um drei Uhr morgens an. Die Wachmannschaften waren wenig begeistert und eskortierten unsere Gefangenen mit Stößen und lautem Geschimpfe in die Baracken. Interessierte uns nicht mehr.

Fuhren am nächsten Tag zurück und feierten den Erfolg. Es gab guten Whiskey. Das löste die Zunge. Selbst der Generalkommissar wurde redselig. Erzählte von den Plänen im Osten: Große Fabrikanlagen. Vernichtung durch Arbeit. Die andern – Alte, Kinder, Nicht-Arbeitsfähige und natürlich Nonnen – gleich weg. Tolle Ingenieurleistung, gerade erst fertig. Deutliche Verbesserung gegenüber den ersten Anlagen. Duschräume. Statt Wasser: Gas. Durch Experimente das wirksamste gefunden: Zyklon B. Dauerte nur noch zwanzig Minuten. Sollten dann verbrannt werden. Krematorien aber noch nicht funktionsfähig. Würde wohl Winter werden. Vorläufig also: Massengräber oder offenes Feuer. Vorbereitung der Häftlinge? Erstmal Selektion an der Rampe. Besonderer Trick: Lastwagen für Schwache. Ohne Umwege zum Ziel. Dann Ausziehen. Alle nackt. Auch die Nonnen? Klar. Alle.

Wir lachten entsetzlich.

## 11. Kapitel

Von Amersfort werden die Gefangenen am 4. August in Zügen (Personenwagen mit verhängten Fenstern) nach Hooghalen im Norden Hollands gebracht. Sie müssen auf freier Strecke aussteigen und noch etwa 5 Kilometer ins Lager Westerbork laufen.

Edith und Rosa Stein sowie die anderen Ordensfrauen werden in Baracke 36 untergebracht. Zu der Gruppe katholischer Frauen gehört Dr. Ruth Kantorowicz, die Edith Steins Manuskripte tippte und ebenfalls in Holland Zuflucht suchte.

In den frühen Morgenstunden des 7. August besteigen 987 niederländische Juden einen Personenzug nach Auschwitz-Birkenau. In Schifferstadt/Pfalz wirft Edith Stein einen Zettel aus dem Zug. Am Abend des 8. August erreicht der Transport den Bahnhof von Auschwitz.

## *Die Frau*

Es hieß, noch am Dienstag komme ein neuer Transport. Was bedeutete das? Würde es dann weitergehen? Und wenn – wohin?

Wohin auch immer. Die Unsicherheit, die Verzweiflung, die Hoffnung wider alle Vernunft waren so groß, dass wir jede Änderung unserer Lage herbeisehnten, ohne zu wissen, dass es immer noch schlimmer kommen würde.

Judith, mein Töchterchen, stand in der Tür der Baracke. Mit ihren neun Jahren begriff sie zu wenig, um zu verstehen (aber wer von uns verstand schon, was geschah?), und zu viel, um gleichgültig zu bleiben. Glücklicherweise hatte sie sich mit dem kleinen Sepp angefreundet, der vom Judenrat als Bote eingesetzt wurde und den ganzen Tag zwischen den Baracken und dem Eingangspavillon hin- und herrannte, ein flottes Käppi auf dem Kopf und von seiner Wichtigkeit sehr überzeugt.

Die Neuankömmlinge hatten genauso wie wir einige Tage vorher in Hooghalen den Zug verlassen und nach Westerbork laufen müssen. Judith und Sepp waren die Ersten, die sie kommen sahen, und stolperten in die Baracke mit der Nachricht: „Da sind welche verkleidet."

Verkleidet? Wir wollten zwar gerade zur Essensausgabe in die Küche gehen, blieben dann aber doch an der Tür stehen. Es kam ein langer Zug von Gefangenen und mitten darin zehn oder fünfzehn Nonnen sowie einige Geistliche in ihren langen Gewändern.

„Was wollen die hier?", zischte meine Nachbarin. Mönche und Nonnen waren für sie gleichbedeutend mit Nazis, SS und Gestapo.

„Es sind auch Juden", verkündete Sepp und nickte zur Bekräftigung mit dem Kopf.

Die Frauen wurden zu uns in die Baracke 36 gewiesen, weil die noch (oder wieder?) fast leer war. Wir hatten zwei große Säle und in der Mitte eine Küche. Der Judenrat teilte uns mit, da die Neuankömmlinge katholisch seien, wollte man sie von denen jüdischen Glaubens trennen. Uns, die wir mit unseren Kindern die Baracke schon bewohnten, stellte man frei, zu bleiben oder umzuziehen. Mir war nicht nach Umziehen zumute. Wir teilten schnell die Pritschen auf und sahen zu, wie die Neuankömmlinge ihre Habseligkeiten auspackten. Es war genauso wenig, wie wir mitgebracht hatten.

Die Kinder liefen von überallher zusammen, um die „Neuen"

zu bestaunen. Anschließend holten wir das Essen. Dann wurden die Türen der Baracken geschlossen.

Am ersten Abend waren die Schwestern, aber auch die jungen Mädchen und Frauen, die mit ihnen gekommen waren, ganz und gar mit sich selbst beschäftigt. Sie beteten lange, einige weinten, andere trösteten, sie teilten, was sie noch an Proviant dabei hatten und wiederholten immer wieder mit tiefem Seufzen: „Herr, dein Wille geschehe."

„Mit wem reden sie?", fragte Judith.

„Sie sprechen zu Gott. Oder zu Jesus."

„Wer ist Jesus?"

Ja, wer ist Jesus? – „Frag die Schwestern. Ich weiß es auch nicht." Ich wollte es nicht wissen.

Wir schliefen unruhig, wie jede Nacht. Judith erwachte weinend. Sie war im Traum durch unser Haus gegangen, hatte mit Jonny, unserm kleinen Hund gespielt.

„Wo ist Jonny? Wer ist jetzt in unserm Haus? Wann können wir wieder zurück?"

Mir fiel nichts ein, was ich hätte antworten können.

„Frag doch die Schwestern. Die beten so viel. Vielleicht wissen die es."

Am Morgen standen die Nonnen und ihre Begleiterinnen früher auf als wir anderen und störten uns durch ihr Gemurmel. Als wir die Baracke putzten – es gab nur erbärmliche Besen, kaum Wasser, keine Seife –, hörten wir sie schon wieder beten.

„Können Sie uns nicht ein bisschen beim Aufräumen helfen?", fragte ich eine der Schwestern, als sie an mir vorüberging.

„Ja, ich komme gleich."

Sie kam auch und mit ihr zwei, drei andere, die zupackten. Sie erzählten uns, sie seien aus ihren Klöstern geholt worden, weil die katholischen Bischöfe in aller Öffentlichkeit die Verschleppung der Juden verurteilt hätten.

„Da sind Sie aber wohl böse auf Ihre Bischöfe!"

„Nein, wir sind stolz auf sie", erwiderte eine.

Nachdem wir einigermaßen Ordnung geschaffen hatten, ging ich, wie viele andere auch, in das Büro des Judenrates, der das Lager verwaltete. Dort konnte man Eingaben an die SS machen und begründen, warum man nicht zu denen gehören konnte, die nach Deutschland oder Polen geschickt werden sollten. Stundenlang saßen wir in muffigen Vorzimmern herum, die Kinder blieben unbeschäftigt und unbeaufsichtigt, manche Kleinen rannten den ganzen Tag halb angezogen, schmutzig und heulend durch die Baracken, andere wurden von ihren Müttern herumgetragen und durften keinen Schritt alleine tun. Judith hatte ich in der Gesellschaft von Sepp zurück gelassen und brauchte mir deshalb keine Sorgen zu machen – soweit es überhaupt etwas gab, was man ohne Sorge tun konnte.

Als ich zurückkam, saß Judith mit anderen Kindern auf dem Boden bei einer Nonne und hörte ihr aufmerksam zu.

„Und dann sagte der Herr Jesus: Seid nicht so böse, sondern lasst alle Kinder zu mir kommen. Ich habe sie ganz besonders lieb."

Die Kinder hingen an ihren Lippen. Judith weinte.

„Wo ist der Herr Jesus? Ich will dahin gehen."

Mit einem Blick voller Liebe sah die Nonne sie an.

„Wie heißt du?"

„Ich heiße Judith."

„Judith, der Herr Jesus ist nicht mehr auf der Erde. Er ist uns vorausgegangen in den Himmel. Aber vielleicht dürfen wir bald bei ihm sein."

„Nein!", schrie ich dazwischen und packte mein Kind. „Nein, ich will nicht beim Herrn Jesus sein. Judith und ich – wir wollen leben!"

Abends hörten wir, wie die Schwestern miteinander stritten. Sie wurden nicht laut, beschimpften einander nicht, wie andere Menschen das tun, aber sie waren offensichtlich sehr unterschiedlicher Meinung. Eine hörte ich laut und deutlich sagen: „Auch wenn wir arbeiten, können wir mit Gott sprechen."

Zum Schluss beteten sie wieder. Nach dem „Amen" kam die Nonne, bei der die Kinder gesessen hatten, auf mich zu. Ich saß auf der Pritsche, hatte den Arm um Judith gelegt und starrte vor mich hin.

„Ich bitte Sie um Entschuldigung."

Als ich sie verständnislos ansah, redete sie weiter.

„Ich bin Schwester Benedicta. Ich weiß, dass ich kein Recht habe, Sie auf den Himmel zu vertrösten. Ich hoffe ja selbst für mich und meine Schwester Rosa noch auf Rettung. Schweizer Klöster wollen uns aufnehmen. Ich habe eine Eingabe gemacht. Und ich flehe zu Gott, dass er Sie und Ihr Kind befreit – und uns alle. Man spricht so gern und leicht vom Leiden. Aber es ist eine harte Schule."

Sie strich Judith liebevoll übers Haar, und mein Töchterchen lächelte. Ich fand keine Worte. In mir war alles nur tot und leer und voller Wut. So ruhig wie Schwester Benedicta hatte ich lange keinen Menschen mehr sprechen hören.

Am Abend, als wir in der dumpfen Baracke eingeschlossen wurden, halfen die Nonnen einigen jungen Müttern, ihre Kleinen zu waschen. Sie trösteten eine Alte, die laut jammernd auf ihrem Bett saß und nach ihrem Sohn rief, der wohl untergetaucht war. Ich sah auch Schwester Benedicta herumgehen, ein Kind an der Hand, mit dem sie ein Abendlied sang – so als seien die beiden allein auf einer Waldwiese und brauchten nur unter dem Sternenhimmel ihren Heimweg zu suchen.

„Kennt auch dich und hat dich lieb …"

Als es dann still geworden war, versammelten sich die Schwestern wieder zum Gebet. Ich näherte mich der kleinen Gruppe und setzte mich in einigem Abstand auf eine zerbrochene Pritsche. Sie hatten ihre Bücher aufgeschlagen und beteten lange und inbrünstig in lateinischer Sprache. Von dem gleichmäßigen Singsang der Verse, die sich wiederholten und aufeinander antworteten, wurde ich fast wohlig müde. Ich fing an, mich im Rhythmus des Sprechens zu wiegen, und schreckte beim „Amen" auf. Als sie auseinander gingen, jede zu ihrem Lager, sah Schwester Benedicta mich an.

„Sie haben schon viel gebetet in Ihrem Leben, nicht wahr?", fragte ich.

„Ja." Benedicta seufzte. „Sehr viel. Aber ich denke, es wird jetzt eine Zeit kommen, wo ich weniger Gelegenheit zum Beten habe. Es gibt so viel zu tun."

Sie drückte mir die Hand und ich legte mich zu Judith auf das harte Bett.

Am nächsten Tag warteten Benedicta und ich vor der Amtsstube des Judenrats auf die Entscheidung über unsere Eingaben. Fast alle, die herauskamen, weinten oder verzerrten das Gesicht in hilfloser Wut. Ich hatte nur eine Hoffnung: Dass mein Mann, der nach England emigriert war, irgendeinen Weg fand, um Judith und mich zu retten. Aber ich wurde abgewiesen. Es liege keine Nachricht für mich vor.

Benedicta wurde nach mir aufgerufen. Ich wollte nicht allein zur Baracke zurückgehen und wartete deshalb zwischen den anderen. Einige, die noch Hoffnung hatten, sahen mich mitleidig an. Als Benedicta herauskam, glaubte ich einen Augenblick, sie habe eine gute Nachricht erhalten. Noch aufrechter als sonst, noch mehr in sich gekehrt ging sie durch den Raum, sodass sie mich erst gar nicht sah.

„Und bei Ihnen?", fragte ich.

Wir gingen den staubigen Weg zur Baracke 36 hinüber. Von den Wäldern her wehte der Duft des Sommers, und Schmetterlinge gaukelten vor uns über den Weg.

„Gott will es so. Meine Schwester und ich werden mit euch fahren. Warum auch sollten wir gerettet werden, wenn ihr gehen müsst? Nachdem ich dies gesehen habe", sie blieb stehen und wies mit der Hand in die Runde, "weiß ich, dass ich zu euch gehöre."

"Werden Sie nun zum Gott unserer Väter zurückkehren?"

"Ich bin nie von ihm fortgegangen. Nur meine Mutter hat das geglaubt."

Sepp kam uns entgegen, er rannte wie immer und winkte heftig. Es sei Besuch da für Schwester Benedicta und Schwester Rosa. Sie sollten sofort zum Eingang kommen.

Benedictas Gesicht leuchtete auf, sie nickte mir zu und folgte dem Jungen, so schnell sie konnte. Von der Baracke her sahen wir auch Rosa kommen. Die beiden verschwanden im Eingangspavillon.

Ich fand mein Töchterchen unter einem der wenigen Büsche am Weg, sie spielte mit einem Stock im Sand. Als sie mich sah, sprang sie auf.

"Können wir jetzt nach Hause, Mama? Holt Papa uns ab?"

Ich nahm das Kind an die Hand und versuchte ganz ruhig zu sprechen, so wie Schwester Benedicta.

"Nein, wir gehen an einen anderen Ort, wo es schöner ist als hier, vielleicht sogar schöner als zu Hause …" Es ging mir schwer, sehr schwer über die Lippen, was ich da sagte.

Benedicta und Rosa kamen beladen mit Proviant und Kleidern in die Baracke zurück. In der Tasche ihrer Schürze hatte Benedicta sogar unkontrollierte Briefe der Klostervorsteherin. Auch die anderen Nonnen schleppten Pakete heran, die ihnen Boten gebracht hatten. Sie teilten Proviant und Winterkleidung mit uns allen. Es war ein bisschen wie eine Weihnachtsbescherung.

"Mir hat der Bote sogar eine Zigarette angeboten", sagte Benedicta lachend. "Vielleicht hätte ich sie nehmen sollen und weiter verschenken."

Draußen brüllte ein Wachposten: "Ruhe!" Die Türen knallten zu, die Riegel wurden vorgeschoben. Wir suchten im Halbdunkel unsere Pritschen, aber die Schwestern beteten noch.

„Deus, a quo sancta desideria recta consilia et justa sunt opera: da servis tuis illam, quam mundus dare non potest, pacem …"

„O Gott, durch dich kommen die heiligen Wünsche, die richtigen Entschlüsse und die guten Taten zustande; so gib deinen Dienern jenen Frieden, den die Welt nicht geben kann …"

Ich hörte sie und schlief darüber ein, Judith fest im Arm.

Einige Male erwachte ich in der Nacht. Judith wimmerte im Schlaf. Ich streichelte sie und versank wieder in einem bedrohlichen Traum.

Plötzlich (es war noch dunkel): lautes Gepolter, Gebrüll: „Aufstehen! Fertig machen!"

Wir begriffen nicht, hatten auch keine Zeit zu begreifen. Judith presste ihre Puppe an sich, stand im Nachthemd mitten in dem unglaublichen Durcheinander und weinte. Alle suchten etwas, warfen das Gepäck durcheinander, torkelten schlaftrunken auf die Toilette, vor der sich lange Schlangen bildeten. Ein SS-Mann regelte den Zugang, die Tür war ausgehängt, aber vor wem sollten wir uns noch schämen? Die Frauen jammerten, beteten, flehten um Hilfe – und ich stand mitten darin, stumm vor Angst.

Das ganze Lager war in Aufruhr. Draußen standen Menschen, die wir noch nie gesehen hatten, offensichtlich gerade erst eingetroffen: Frauen, Kinder, Alte, Männer – mit und ohne Judenstern. Einige trugen statt Gepäck Einkaufstaschen, aus denen Gemüse oder Brot herausschaute. Hatte man sie mitten auf der Straße aufgegriffen und weggeschleppt? Warum? Zwei kleine Jungen rannten herum und riefen immer nach ihrem Papa. Aber der Papa war wohl nicht da. Die beiden wurden von einem SS-Mann angebrüllt, sie sollten ruhig sein. Als sie nicht aufhörten, schlug er den einen mit dem Gewehrkolben nieder, zog die Pistole und schoss. Den anderen Jungen zerrte eine Aufseherin zur Seite. Ich drängte Judith zurück in die Baracke.

In der Tür erschien ein Mitglied des Judenrates. Sein Gesicht war bleich wie der Tod im Licht der schwankenden Glühbirne. Er verlas die Namen. Wir waren alle dabei, alle katholischen Juden, die Ordensleute und die Mütter mit Kindern, die in der Baracke geschlafen hatten. Wir mussten ins Freie und uns aufstellen.

„Jeder ein Stück Handgepäck – nicht mehr."

„Steck die Puppe unter deine Bluse", flüsterte ich Judith zu. Wir standen neben den Nonnen.

Benedicta beruhigte die Frauen: „Ruth, denk an den Weg des Heilands nach Golgatha." – „Rosa, wir leiden mit unserem Volk, mit unseren Brüdern und Schwestern."

Über den Bäumen wurde es langsam hell. An den Türen der anderen Baracken standen die Zurückbleibenden und steckten uns zu, was sie konnten. Judith bekam ein Stück Brot. Eine Frau gab mir ein warmes Tuch für sie, denn wir fröstelten in dem kühlen Morgen. Auf Befehl der SS setzten wir uns in Bewegung wie eine große Maschine, ohne Orientierung, ohne eigenen Willen. Es war weit zu laufen, das wussten wir vom Transport hierher, und alle waren müde. Aber die SS trieb uns an, die Langsamen mit Schlägen auf den Rücken.

Den ganzen Weg über beteten die katholischen Juden. Ich wünschte, ich hätte auch Gebete auswendig gewusst, aber in meinem Elternhaus waren wir über Glaubensdinge weit erhaben gewesen, aufgeklärt und rational. Nur eins fiel mir immer wieder ein: „Ich bin der Herr, dein Gott, der dich aus Ägypten geführt hat …" Ägypten! Was war Ägypten gegen Westerbork!

In Hooghalen stand ein Zug. Alte Personenwagen. Hinter Benedicta und ihrer Schwester stiegen Judith und ich in den Waggon.

Die Bänke in den Abteilen waren schon besetzt, aber wir drängten uns noch zu einigen der Nonnen hinein und versuchten die Tür zu schließen. Das war unmöglich. Auch im Gang standen die Menschen dicht an dicht. Ich kauerte mich mit Judith auf den Boden zwischen die Beine und Gepäckstücke der anderen. Ruth, die auch bei den Schwestern sitzen wollte, hielt sich an der Abteiltür fest, um nicht fortgeschoben zu werden.

„Voll", schrie der Wachmann von draußen und schloss die Tür. Sie wurde von außen verriegelt. Dann warteten wir, stundenlang.

„Schwestern", sagte Benedicta, „vergesst nicht, was unser Vater Johannes vom Kreuz gesagt hat: Nur durch das Leiden nähert die Seele sich der vollkommenen Vereinigung mit Gott. Nur in der dunklen Nacht der Sinne, wenn uns nichts mehr trägt und hilft, erfahren wir seine Nähe. Nur …"

„Mund halten, sonst schlag ich dir in die Fresse", schrie ein Mann vom Gang herein. Benedicta zuckte zusammen. „Werden wir nicht schon genug geschlagen?", murmelte Rosa neben mir.

Es blieb lange still, bis endlich ein Ruck durch den Zug ging. Die Räder knirschten. Der Wagen begann zu schaukeln.

„Wohin fahren wir, Mama?"

„In den Tod", antwortete jemand von draußen mit höhnischem Lachen.

„Nein, nein, es soll Arbeit geben in den Bergwerken im Osten, kleine Siedlungshäuser …"

Die Stimmen gingen durcheinander, ich schwieg.

Benedicta tauschte ihren Platz auf der Bank mit Ruth, die im Stehen hin und her schwankte. Judith rutschte ein Stück zu Benedicta hinüber und schmiegte sich an ihren Rock.

„Erzähl mir von Jesus."

Und Benedicta erzählte. Alle die bekannten Geschichten, die man irgendwann gehört hat, wenn man unter Christen lebte. Aber sie erzählte anders, oder es klang anders in dem Zug, der fuhr, und wir wussten nicht, wohin.

Es wurde heiß. Unsere Wasservorräte nahmen schnell ab. Die Tür der Toilette am Ende des Ganges stand offen, die Wasserspülung war defekt.

Mehrmals hielt der Zug, meist auf freier Strecke. Dann patrouillierten Soldaten an den Wagen entlang und brüllten: „Fenster schließen!"

Einige schafften es nicht, sich zur Toilette durchzudrängen, um ihre Notdurft zu verrichten. Ein entsetzlicher Gestank verbreitete sich.

Irgendwann gegen Mittag – niemand wusste, wo wir uns befanden – fuhr der Zug in einen Bahnhof ein. Alle drängten ans Fenster, ich sah nur ihre Rücken. „Wo sind wir?", rief eine Männerstimme aus dem Nachbarabteil. Jemand antwortete: „Schifferstadt in der Pfalz."

„Schifferstadt?" Benedicta fuhr hoch, drängelte sich ans Fenster und zog es mit einem Ruck herunter. Wir hörten sie sprechen, bis von der anderen Seite ein Soldat brüllte: „Was ist los da hinten? Fenster schließen!" Mir wurde klar, dass die Menschen auf dem Bahnsteig nicht wissen sollten, was in diesem Zug vor sich ging. Aber Benedicta, die sonst gehorsam alle Anweisungen befolgte, sprach weiter, kritzelte etwas auf einen Zettel und warf ihn hinaus, gerade als der Zug wieder anfuhr. Dann kam sie auf ihren Platz zurück und lächelte traurig.

„Ich habe hier viele Freunde. Gar nicht weit von hier war ich Lehrerin."

Es wurde unerträglich heiß. Die Männer im Gang prügelten sich um einen Platz am Fenster, wo man noch Luft bekam. Kinder wurden rücksichtslos zur Seite gedrängt. Ich hielt wie eine Glucke beide Arme über Judith.

Der Schweiß lief an uns herunter. Wir entkleideten uns so weit wie möglich, nur die Nonnen nicht.

„Denkt daran, Schwestern ...", flüsterte Benedicta wieder, und die Kette mit den Perlen glitt durch ihre Hände. Fast unhörbar murmelte sie Gebete.

„Ich habe Durst", jammerte Judith.

Ich fürchtete mich davor, ihr den letzten Rest Wasser zu geben, weil ich nicht wusste, wie lange wir noch fahren würden.

„Warte noch etwas, Judith."

„Ich kann nicht mehr warten, Mama."

Da ließ Benedicta die Kette sinken und zog eine kleine Flasche aus ihrer Reisetasche. Die war auch schon fast leer.

„Trink aus", sagte sie.

„Ist das von Jesus?"

„Ja."

Ich ließ sie trinken.


Endlose Stunden. Es ist Nacht geworden. Manchmal gleiten in der Dunkelheit Lichter vorbei, werfen unsere Schatten an die Wände. Dann wissen wir, dass wir durch eine Stadt fahren, wo Menschen schlafen – in richtigen Betten, sich lieben, miteinander feiern, trinken … In meinem schon halb verwirrten Sinn sehe ich sie vor mir: Menschen unter der Lampe um einen Tisch sitzend, die auf einmal aufhorchen: „Da – ein Zug mitten in der Nacht …" und wissen nicht oder wissen doch oder wollen nicht wissen … Menschen wie wir, aber doch nicht wie wir. Ein Abgrund zwischen uns. Hier die Hölle. Sie sind im Paradies. Und wissen es nicht.

Judith ist kurze Zeit eingeschlafen, dann rührt sie sich wieder, ringt nach Luft.

„Warum kommt Papa nicht? Du hast immer gesagt, er kommt und holt uns."

Ich streichle sie. Wie soll ich ihr begreiflich machen, was ich selbst nicht begreifen kann und will: dass ein emigrierter jüdischer Professor in London keine Armee zur Verfügung hat, um Frau und Kind zu befreien …

Ruth schluchzt laut. „Ich kann nicht mehr. Ich will sterben. Lasst mich aus der Tür springen."

„Meine Kraft ist in den Schwachen mächtig, hat der Herr zu Paulus gesagt."

Auch Benedicta presst die Worte mühsam hervor. Ihr Gesicht ist nass von Schweiß oder Tränen. Ich ziehe sie am Ärmel.

„Schwester", flüstere ich, „warum? Was hat mein Kind getan, Schwester, dass es so leiden muss? Es hat doch noch gar nicht gelebt. Warum sollen wir eurem Herrn Jesus ans Kreuz folgen? Was geht er uns an? Wir haben ihn nicht gekreuzigt. – Aber Sterben ist nicht das Schlimmste. Wenn sie uns nur nicht weiter quälen. Wenn sie mir nur das Kind nicht wegnehmen. Haben Sie gesehen – in der Nacht – wie der Junge erschossen wurde? Was hat er getan, Schwester? Er suchte seinen Vater! – So reden Sie doch!"

Sie wendet mir das Gesicht zu. Schmerzverzerrt. Schweigend. In ihren Augen brennt ein Feuer. Sie windet sich und presst endlich die Antwort heraus.

„Er kam, um uns zu erlösen."

Auf dem Gang hat ein alter Mann sich übergeben. Er sackt in sich zusammen. Das Erbrochene läuft ins Abteil zwischen die Füße der anderen. Eine Nonne kümmert sich um den Alten und drückt ihm die Augen zu.

„Requiescat in pace. Ruhe in Frieden", murmeln die Schwestern.

„Der hat ihnen die Arbeit abgenommen", höhnt es von der anderen Seite. Durch das Gedränge schiebt sich eine Frau zu dem Toten und durchwühlt seine Taschen. Sie zieht ein Stück Brot heraus und stopft es sofort in den Mund.

„Sieht so Erlösung aus?" Ich werde laut, ich kann nichts dafür. Andere fahren hoch aus ihrem lethargischen Schwanken – und sinken wieder in sich zusammen. Das Rattern des Zuges übertönt Benedictas leise Antwort.

Es ist mir egal. Ich schreie sie an: „Warum bewirken Ihre Gebete nichts? Ununterbrochen murmeln Sie. Und was geschieht? Nichts. Es wird nur noch schlimmer. Schlimmer als wir es uns je vorstellen konnten. Ihnen gibt es vielleicht Kraft. Aber uns? Den andern allen?"

Sie hebt die Hand, als wollte sie sich schützen vor meinen Worten.

„Ich dachte doch, er würde mein Opfer annehmen", wimmert sie, „stellvertretend. Ich dachte ... Ich habe es ihm angeboten ... Wie Esther bin ich vor ihn getreten. Wie Esther wollte ich retten, retten, aber er hat mich nicht angenommen. Mein Gott, mein Gott ..."

„Ja, ihr meint, ihr könntet mit großen Worten, mit euren Zeremonien und euren Gebeten alles ändern. Aber das ist doch Theater, nichts als Theater. Hören Sie? Es gibt keinen Gott, denn wenn es ihn gäbe, dann müsste er hier sein, hier, bei uns, und den Zug anhalten und Deutschland vernichten, sonst ist er kein Gott, sondern ein ..."

„Teufel", brüllt wieder ein Mann von draußen. „Habt ihrs endlich begriffen, wer die Welt regiert? Aber es ist zu spät, für euch ist es zu spät ..."

„Ruhe", stöhnen die einen. „Er hat Recht", schreien die anderen. In dem allgemeinen Durcheinander schlingt Benedicta plötzlich beide Arme um mich, drückt ihr glühendes Gesicht an meines und – küsst mich.

„Schwester!"

Ein Tag und eine Nacht und wieder ein Tag. Der Zug bremst langsam ab, fährt noch einmal an, bremst wieder. Mein Kind hängt in meinem Arm, die Augen geschlossen, bleich. Wie tot. Ich lehne mit dem Rücken an Benedicta, die immer noch aufrecht auf dem Boden sitzt.

Draußen wird es sehr laut. Geschrei. Vielstimmiges Hundegebell, Befehle aus dem Lautsprecher.

„Aussteigen! Schnell! Schnell!"

Aussteigen? Ich versuche die Beine zu bewegen, richte mich mühsam auf. Benedicta hilft ihrer Schwester Rosa. Ruth klammert sich an ihren Arm. Die Tür wird aufgerissen. Luft strömt herein, frische, klare Luft.

Vor mir ein brüllender Mund unter der Schirmmütze.

„Antreten. Schnell. Für Gebrechliche stehen Lastwagen bereit."

Hunde mit gefletschten Zähnen.

Wir taumeln ins Freie.

## 12. Kapitel

Am Bahnhof von Auschwitz findet die „Selektion" der Opfer statt. 464 arbeitsfähige Frauen und Männer werden in das Barackenlager Birkenau gebracht. 523 Kinder, Ältere sowie die Ordensangehörigen besteigen nacheinander die bereitgestellten Lastwagen. Im sogenannten „Weißen Haus", der provisorischen Gaskammer, werden sie in den folgenden Stunden ermordet.

Ein Sonderkommando verbrennt die Leichen in einer Grube auf freiem Feld.

Im Jahr 1964 machen die niederländischen Behörden drei Männer ausfindig, die mit dem Transport vom 7. August nach Auschwitz deportiert wurden und überlebten.

## *Schwester Benedicta vom Kreuz*

*Heute weiß ich mehr davon, was es heißt, dem Herrn im Zeichen des Kreuzes vermählt zu sein. Begreifen freilich wird man es niemals, weil es ein Geheimnis ist.*

Aus einem Brief vom 9. Dezember 1938

## *Wer war Edith Stein?*

Eine von Vielen.
Wie wir alle habe ich gelernt: Es waren sechs Millionen. Sechs Millionen Menschen, die ermordet wurden, weil sie Juden waren – wie Edith Stein. Eine Zahl jenseits meiner Vorstellungskraft: Schatten, Schemen, hier und da ein Name, der in meinem Gedächtnis haften bleibt.

Tue ich den anderen Unrecht, wenn ich von **Einer** rede?

Aber war nicht ihr ganzes Leben etwas Besonderes, Herausgehobenes? War sie nicht eine „Heilige"?

Bewegt von diesen Fragen bin ich ihren Weg nachgegangen, habe sie mit den Augen der anderen gesehen, die respektvoll, ratlos, bewundernd, aber auch verbittert neben ihr gingen.

Es war kein geradliniger Weg. Aber in allem, was Edith Stein tat, suchte sie die Wahrheit. Mit vorläufigen Antworten und unverbindlichen Ratschlägen fand sie sich nicht ab. Als sie erkannte, wie fragwürdig die großen Ideen sind und wie vergänglich die Bedeutung der Denker und Philosophen ist, gab sie keine Ruhe, bis sie etwas entdeckte, was unvergänglich und nicht mehr hinterfragbar war. Dem Unbedingten folgte sie ohne Bedingung und fand am Ende der Suche eine „kleine, einfache Wahrheit": „ ... wie man es anfangen kann, an der Hand des Herrn zu leben"

Wer Wunder sucht, mag darin ein Wunder sehen. Wer einer Heiligen folgen will, dem kann sie Begleiterin auf dem Weg werden. Aber auch, wer einem Menschen begegnen möchte, der die Tiefen und Höhen unseres Lebens durchschritten hat, wird vor dem Geheimnis ihres Wesens und ihrer inneren Kraft erstaunen.

Ich bin dankbar dafür, einen Menschen wie Edith Stein zu kennen, der das Ziel nicht aus den Augen verlor.

In ihr verehre ich **ein** Opfer des millionenfachen Mordens. Hinter dem einen aber stehen für mich die anderen, die unüberschaubare Zahl, von deren Suchen, Fragen und Leiden bis zum grausamen Tod wir nur wenig wissen. In tiefer Trauer verneige ich mich vor ihnen allen.

Für Juden, evangelische und katholische Christen gibt es unterschiedliche Formen, Respekt und Verehrung auszudrücken. So bleibt die heilige Teresia Benedicta vom Kreuz für andere die Jüdin Edith Stein, immer jedoch ein Mensch, der mit seinem Glauben ernst machte.

*Ursula Koch*

# ANHANG

## *Daten und Fakten zum Leben Edith Steins*

Anmerkung: Bei einer Person der Zeitgeschichte ist die wissenschaftliche Aufarbeitung nicht abgeschlossen. In den letzten Jahren wurden noch verschiedene Zeitzeugen befragt und historische Dokumente ausgewertet. Es ergaben sich teilweise neue Perspektiven. Dieser Roman basiert auf dem zur Zeit anerkannten Forschungsstand.

| | |
|---|---|
| 12. Oktober 1891 | Geburt Edith Steins in Breslau. Sie ist die Jüngste von sieben Geschwistern (s. Personenverzeichnis). |
| 10. Oktober 1893 | Tod des Vaters Siegfried Stein, der auf einer Reise leblos im Wald gefunden wird. Man vermutet Hitzschlag. |
| Mai 1906–März 1907 | Aufenthalt bei der in Hamburg verheirateten Schwester Else. |
| 1911 | Abitur und Beginn des Studiums in Breslau (Germanistik, Geschichte, Psychologie, Philosophie). |
| 1913–1915 | Studium in Göttingen bei Professor Edmund Husserl. Intensive freundschaftliche Kontakte zu anderen Husserl-Schülern, insbesondere Hans Lipps und Adolf Reinach (s. Personenverzeichnis). |

| | |
|---|---|
| 1915 | Staatsexamen mit Auszeichnung. Lazarettdienst in Mährisch-Weißkirchen (Mähren). |
| 1916 | Referendarzeit in Breslau. Doktorprüfung in Freiburg mit der höchsten Auszeichnung. Beginn der Freundschaft mit Roman Ingarden (s. Personenverzeichnis). |
| 1916–1918 | Assistentin bei Professor Husserl in Freiburg. Edith Steins Arbeit an den ungeordneten Aufzeichnungen des Wissenschaftlers wird wenig gewürdigt. Später hat der Philosoph Martin Heidegger auf die Vorarbeiten Edith Steins zurückgegriffen. |
| Sommer 1919 | Die Ehefrau des Philosophen Clauss in Freiburg strengt einen Prozess gegen Hans Lipps an. Er wird beschuldigt, der Vater ihres Kindes zu sein und daraufhin von Professor Husserl geächtet. |
| 1919–1921 | Selbstständige wissenschaftliche Arbeit. Vergebliche Bemühungen um eine Dozentur an der Universität, Aufenthalte in Breslau, Freiburg, Göttingen (Zusammenarbeit mit Hans Lipps) und Bergzabern (bei dem Ehepaar Conrad-Martius – s. Personenverzeichnis). |
| Sommer 1921 | Entschluss zum Übertritt in die katholische Kirche nach der Lektüre der Lebensbeschreibung Teresas von Avila. |
| 1. Januar 1922 | Taufe in der Pfarrkirche St. Martin in Bergzabern. |
| 1923–1931 | Lehrerin an der katholischen Mädchenschule und der Lehrerinnenausbildungsanstalt der Dominikanerinnen in Speyer, private wissenschaftliche Arbeit und Vortragsreisen. |

| | |
|---|---|
| 1932–1933 | Dozentin am Deutschen Institut für wissenschaftliche Pädagogik in Münster. Verschiedene Rundfunk- und Tagungsbeiträge in ganz Deutschland. Ab März 1933 ist eine Lehrtätigkeit als Jüdin in Münster nicht mehr möglich. |
| April 1933 | Edith Stein schreibt einen Brief an den Papst und bittet ihn um Hilfe für die im nationalsozialistischen Deutschland bedrängten Juden. Von ihrem ursprünglichen Plan, selbst nach Rom zu reisen, wird ihr abgeraten, da im Heiligen Jahr 1933 (1900 Jahre nach Christi Tod) die Stadt von Pilgern überlaufen sei. Sie übergibt das Schreiben versiegelt ihrem geistlichen Berater und Freund, dem Erzabt des Klosters Beuron Raphael Walzer. Wer den Brief über die Grenze nach Rom mitnimmt, ist in der Forschung umstritten. Die Übergabe an den Papst ist jedoch sicher. |
| Sommer 1933 | Nach Beratungen mit Erzabt Walzer nimmt Edith Stein Kontakt zum Kölner Karmel auf. Letzter Besuch in Breslau, endgültiger Abschied von der Mutter. |
| 14. Oktober 1933 | Eintritt in das Kloster der Karmelitinnen in Köln (damals in Köln-Lindenthal, Dürener Str. 89). Priorin ist bis 1936 Josepha Wery, ihre Novizenmeisterin Teresia Renata Posselt, die 1936 dann das Amt der Vorsteherin übernimmt. |
| | Die Aufnahme erfolgt in mehreren Schritten, der „Anwartschaft" (Postulat), der Einführung in das Ordensleben (Noviziat) und |

|   |   |
|---|---|
| | der Aufnahme als dauerndes Mitglied der Ordensgemeinschaft (Kapitel) nach den „Ewigen Gelübden" (Profess). |
| 15. April 1934 | Einkleidung als Novizin mit dem selbst gewählten Ordensnamen Schwester Teresia Benedicta a cruce (vom Kreuz). Von den Verantwortlichen des Ordens werden Edith Stein Sonderregelungen eingeräumt, sodass sie weiterhin wissenschaftlich arbeiten kann. |
| 21. April 1935 | Erstes Gelübde, Verpflichtung für drei Jahre. |
| 21. April 1938 | „Ewige Gelübde", lebenslange Verpflichtung. |
| 31. Dezember 1938 | Die politischen Ereignisse (Pogromnacht im November 1938) veranlassen die Schwesterngemeinschaft, für Edith Stein einen Zufluchtsort im Ausland zu suchen. Am 31. Dezember 1938 wird sie von Freunden des Klosters in den Karmel von Echt in den Niederlanden gebracht. |
| 10. Mai 1940 | Die Deutsche Wehrmacht fällt ohne Kriegserklärung in den Niederlanden ein und erobert das Land trotz erbitterten Widerstandes innerhalb von fünf Tagen. Am 28. Mai kapituliert auch die belgische Armee. Die deutschen Truppen setzen ihren Vormarsch nach Frankreich fort. Noch in demselben Jahr schließt die Besatzungsmacht die Universitäten Delft und Leyden, eine Anzahl von Professoren und Studenten wird nach Mauthausen deportiert. |
| Sommer 1940 | Jüdische Bürger werden registriert. Der Bürgermeister von Echt, ein guter Freund |

|  |  |
|---|---|
|  | des dortigen Karmel, gibt für den Ort fünf Namen an, darunter Edith Stein und ihre Schwester Rosa, die seit 1939 auch an der Pforte des Karmel in Echt lebt. Beide müssen sich persönlich beim Polizeikommissar in Maastricht und später noch einmal in Amsterdam melden. In Maastricht soll Edith Stein den SS-Offizier mit „Gelobt sei Jesus Christus" begrüßt haben. |
| Anfang 1942 | Die niederländischen Kirchen schließen sich zusammen, um gegen die Deportationen holländischer Juden zu protestieren. |
| 10. Juli 1942 | Es wird bekannt, dass weitere Transporte nach Polen geplant sind. Die Kirchenvertreter senden ein Fernschreiben an die Generalkommissare Rauter und Schmid sowie den General Christiansen. |
| 14. Juli 1942 | Gespräch zwischen Reichskommissar Seyß-Inquart und einem Kirchenvertreter. Der Reichskommissar bietet an, die getauften Juden zu schonen, wenn die Kirchen von öffentlichen Protesten absehen. Die Nederlandsche Hervormde Kerk beugt sich dem Druck, die anderen protestantischen Kirchen und die katholischen Bischöfe verfassen jedoch einen gemeinsamen Hirtenbrief. |
| 26. Juli 1942 | In den katholischen Gottesdiensten wird der Hirtenbrief der Bischöfe verlesen. |
| 27. Juli 1942 | Die Deportation der 721 katholischen Juden wird beschlossen. |
|  | Noch in diesen Tagen sichert das Bischöfliche Ordinariat Edith und Rosa Stein zu, dass für sie keine Gefahr bestehe. Gleichzei- |

tig laufen langwierige Verhandlungen mit der Schweizer Fremdenpolizei. Zwei Schweizer Klöster sind bereit, die beiden Schwestern aufzunehmen. Die Einreisegenehmigung wird jedoch erst im Herbst 1942 erteilt.

| | |
|---|---|
| 2. August 1942 | Verhaftung von Edith und Rosa Stein, nächtliche Überführung ins Lager Amersfoort. |
| 4. August 1942 | Transport der verhafteten Juden ins Lager Westerbork. |
| 7. August 1942 | In den frühen Morgenstunden: Abtransport nach Auschwitz. Um öffentliches Aufsehen zu vermeiden, werden zu dieser Zeit noch Personenzüge benutzt. In Schifferstadt in der Pfalz (mittags) gibt sich Edith Stein aus einem Wagen dem Bahnbeamten Valentin Fouquet und anderen Personen zu erkennen und wirft einen Zettel aus dem Zug, der aus Sicherheitsgründen später verbrannt wurde. Warum der Zug durch Süddeutschland fuhr, ist ungeklärt. |
| 8./9. August 1942 | Ankunft und Ermordung in der provisorischen Gaskammer von Auschwitz-Birkenau. Da die Krematorien noch nicht fertig gestellt sind, werden die Ermordeten in einer Grube verbrannt. |
| 1. Mai 1987 | Seligsprechung durch Papst Johannes Paul II. in Köln |
| 11. Oktober 1998 | Heiligsprechung durch Papst Johannes Paul II. in Rom |

## *Personenverzeichnis*

## Die Familie

**Eltern**
Siegfried Stein                   11.09.1844–10.07.1893
und Auguste Stein                 04.10.1849–14.09.1936

**Geschwister**
Von den elf Kindern der Familie sind vier im frühen Kindesalter noch vor der Geburt Edith Steins gestorben und werden im Folgenden nicht aufgeführt.

Paul Stein                        19.05.1872–29.04.1943
verheiratet mit Gertrude, geb. Werther (1872–18.03.1943)
Beide kamen im Konzentrationslager Theresienstadt ums Leben, ihr Sohn Gerhard (geb. 1902) emigrierte in die USA.

Else Stein                        29.06.1876–23.11.1956
verheiratet mit Dr. Max Gordon (1867–1951)
Die Familie mit den Kindern Ilse (geb. 1904) und Werner (geb. 1906) überlebte in Kolumbien.

Arno Stein                        09.09.1879–14.02.1948
verheiratet mit Martha, geb. Kaminsky (1879–1947)
Die Familie emigrierte 1936 mit drei Kindern in die USA. Die behinderte Tochter Eva (geb. 1915) wurde nach Theresienstadt deportiert und wahrscheinlich im April 1942 in Auschwitz ermordet.

Frieda (Elfriede) Stein       11.12.1881–1942
verheiratet mit Salo Tworoger, 1912 geschieden
Frieda wurde wie ihr Bruder und seine Frau nach Theresienstadt deportiert und soll dort 1942 gestorben sein. Ihre Tochter Erika (1911–1961), die in der Familie Stein aufwuchs, emigrierte rechtzeitig nach Palästina.

Rosa Stein       13.12.1883–09.08.1942
Rosa ließ sich (nach dem Tod der Mutter) Weihnachten 1936 in Köln taufen und kam 1939 nach Echt, wo sie an der Klosterpforte arbeitete. Gemeinsam mit ihrer Schwester Edith wurde sie nach Auschwitz deportiert.

Erna Stein       11.02.1890–12.01.1978
verheiratet mit Dr. Hans Biberstein
Die Familie mit den beiden Kindern Susanne (geb. 1921) und Ernst-Ludwig (geb. 1922) emigrierte kurz vor Kriegsausbruch in die USA.

## Weggefährten

Rose Guttmann       1891–1977
Die Studienfreundin Edith Steins musste sich durch Privatstunden Geld verdienen. Auf Bitten ihrer Tochter finanzierte Auguste Stein Rose Guttmann den Studienaufenthalt in Göttingen 1913–1914. Die beiden Freundinnen wohnten in der Langen Geismar Straße 2 am Albani-Kirchplatz. Später arbeitete Rose Guttmann als Lehrerin in Breslau. Sie heiratete und emigrierte nach England.

Georg Moskiewicz („Mos")       1878–1918
Der Arzt und Psychologe arbeitete an der Universität Breslau, wo Edith Stein durch ihn Husserls „Logische Untersuchungen" ken-

nen lernte. Er führte sie und Rose Guttmann in Göttingen bei Reinach und in die „Philosophische Gesellschaft" ein. Seine eigenen wissenschaftlichen Arbeiten führten zu keinem Ergebnis. 1918 nahm er sich das Leben.

RUTH KANTOROWICZ 07.01.1901 – 09.08.1942
Edith Stein lernte die Tochter einer jüdischen Arztfamilie schon 1904 durch ihre Schwester Else Gordon in Hamburg kennen. Ruth Kantorowicz promovierte in Volkswirtschaft und ließ sich 1934 katholisch taufen. Jahrelang beriet Edith Stein die junge Frau auf ihrer Suche nach einem Platz im Berufsleben und einer geistlichen Heimat. Beides wurde durch die zunehmende Diskriminierung der Juden erschwert. Von 1935 bis 1942 schrieb Ruth Kantorowicz die handschriftlichen Manuskripte Edith Steins auf der Schreibmaschine ins Reine. Es ist ihr zu verdanken, dass die meisten Schriften gut lesbar erhalten sind.
Wegen ihres labilen Gesundheitszustandes lehnten die Karmelitinnen in Maastricht ihre Aufnahme in die Klostergemeinschaft im September 1936 ab. Ruth Kantorowicz lebte in Venlo bei den Ursulinen. Am 2. August 1942 wurde sie dort verhaftet und zusammen mit Edith und Rosa Stein deportiert.

## Die Göttinger Phänomenologen

EDMUND HUSSERL 08.04.1859 – 27.04.1938
Husserl hat mit seinem Werk „Logische Untersuchungen" die „Phänomenologie" als philosophische Schule begründet. Das Anliegen der Vertreter dieser Richtung war, die objektive Realität aller Erscheinungen zu erfassen und sich von subjektiven Vorurteilen zu befreien.
Husserl war Jude, ließ sich evangelisch taufen und trat in späteren Jahren zum Katholizismus über. Er lehrte von 1901 bis 1916 in

Göttingen und übernahm dann (bis 1928) eine Professur in Freiburg. Sein Nachlass wurde aus Deutschland gerettet und befindet sich im Husserl-Archiv in Löwen (Belgien).

Adolf Reinach 25.12.1883–16.11.1917
Reinach stammte aus Mainz und wurde in Göttingen Dozent an der Seite Husserls. Er vermittelte zwischen dem „unnahbaren" Professor und den Studenten. Für Edith Stein war er ein wichtiger Begleiter und Ratgeber. Reinach ließ sich 1916 mit seiner Frau evangelisch taufen (beide waren jüdischer Herkunft) und fiel 1917 in Flandern. Edith Stein hat auf Wunsch der Witwe seinen Nachlass geordnet.

Anne Reinach, geb. Stettenheimer 21.06.1884–29.12.1953
Anne Reinach pflegte wie ihr Mann intensive Kontakte zu den Studenten um Husserl. Als Edith Stein die junge Witwe 1917 in Göttingen aufsuchte, hat sie deren Glaubenszuversicht nach dem frühen Tod ihres Mannes tief beeindruckt. Aus Reinachs Bibliothek stammte mit großer Wahrscheinlichkeit die Lebensbeschreibung Teresas von Avila, die Edith Stein in Bergzabern las.

Hans Lipps 22.11.1889–10.09.1941
Lipps studierte gleichzeitig Philosophie und Medizin, von 1911 bis 1914 lebte er in Göttingen. 1914 bis 1918 stand er als Arzt an der Front, 1918 wurde er vor Kriegsende nach einer Verwundung entlassen. Nach einer Vaterschaftsklage und dem darauf folgenden Prozess verließ er 1919 Freiburg und wurde Dozent für die Philosophie der Mathematik in Göttingen. Seine Lehrtätigkeit unterbrach er mehrmals, um als Schiffsarzt zu arbeiten. 1936 wurde er Professor in Frankfurt.
Lipps heiratete 1923 Christine Masing. Das Ehepaar hatte zwei Töchter. Seine Frau starb 1932. 1939 heiratete Lipps Catharina von Welck. Er fiel im September 1941 an der Ostfront.

Roman Ingarden                  05.02.1893 – 14.06.1970
Der aus Krakau stammende Philosoph studierte seit 1912 in Göttingen und folgte Husserl 1916 nach Freiburg. 1924 wurde er Dozent in Lemberg und 1947 Professor in Krakau. Ingarden heiratete nach seiner Rückkehr nach Polen und hatte drei Söhne. In seinem Nachlass fanden sich zahlreiche Briefe Edith Steins, die in einem gesonderten Band innerhalb der Werkausgabe veröffentlicht wurden.

Hedwig Conrad-Martius          27.02.1888 – 15.02.1966
Hedwig Martius studierte in Göttingen Philosophie und heiratete 1912 den Husserl-Schüler Theodor Conrad. Das Ehepaar bewirtschaftete in Bergzabern eine Obstplantage. In ihrem Haus las Edith Stein die Lebensbeschreibung der Teresa von Avila. Am 1. Januar 1922 wurde Hedwig Conrad-Martius, obwohl sie evangelisch war, ihre Taufpatin.

## Die Schwestern im Karmel

Josepha Wery                   16.01.1876 – 08.10.1959
Sie war von 1926 bis 1936 Priorin (Vorsteherin) des Kölner Karmel in der Dürener Straße 89. Als Edith Stein dort 1933 aufgenommen wurde, war sie die „liebe Mutter".

Teresia Renata Posselt          28.04.1891 – 23.01.1961
Als „Subpriorin" und „Novizenmeisterin" war Schwester Teresia Renata für die Einführung Edith Steins in das Ordensleben verantwortlich. 1936 wurde sie zur Priorin gewählt und leitete den Kölner Karmel bis in die Nachkriegszeit. Nachdem das Kloster in der Dürener Straße bei einem Bombenangriff zerstört worden war, fanden die Karmelitinnen an der Stelle, wo ihr erstes Kloster in Köln gestanden hatte (heute: „Vor den Siebenburgen") eine neue

Heimat. Teresia Renata Posselt verfasste die erste Biografie Edith Steins (1948 erschienen).

CLARA HULSTEGE                 29.01.1871 – 23.03.1938
Clara Hulstege war zur Zeit Edith Steins die älteste Laienschwester im Kölner Karmel, d. h. sie war für die häuslichen Arbeiten verantwortlich. Seit September 1937 bettlägerig (Leberkrebs) wurde sie bis Dezember 1937 von Edith Stein gepflegt.

TERESIA MARGARETA DRÜGEMÖLLER   geb. 20.08.1910
Als jüngste Schwester der Gemeinschaft hing die junge Margareta mit besonderer Liebe an Edith Stein.

## *Literatur zum Weiterlesen*

Seit der ersten Biografie über Edith Stein von Schwester Teresia Renata Posselt (1948) sind zahllose Lebensbeschreibungen erschienen. Dabei werden nicht immer die neueren Forschungsergebnisse berücksichtigt, die auf Aussagen überlebender Zeitzeugen und Nachkommen der Familie beruhen.

In der „EDITH STEIN GESAMTAUSGABE", die seit 2000 im Herder Verlag erscheint, kann jeder Leser einen Einblick in die Originaltexte gewinnen. Besonders zu empfehlen sind die Bände 1 („Aus dem Leben einer jüdischen Familie") sowie 2–4 („Selbstbildnis in Briefen").

Die umfassendste wissenschaftliche Biografie hat die Leiterin des Kölner Edith-Stein-Archivs, Schwester Maria Amata Neyer, zusammen mit dem Theologen Andreas Uwe Müller geschrieben: „EDITH STEIN. DAS LEBEN EINER UNGEWÖHNLICHEN FRAU", Benziger Verlag, Düsseldorf 1998.
 Ich danke Schwester Maria Amata für viele interessante Hinweise, Einsicht in Handschriften und bewegende Gespräche! Sie hat die Entstehung dieses Buches mit kritischer Anteilnahme begleitet.

Susanne M. Batzdorf, Tochter von Erna Stein und Nichte Edith Steins, hat in einem Buch die Sicht der jüdischen Familie dargestellt: „EDITH STEIN – MEINE TANTE", Echter Verlag, Würzburg, 2000.

Eine wichtige und eindrucksvolle Quellensammlung zum Leidensweg Edith Steins und ihrer Gefährtinnen liegt vor in dem Band: „Passion im August", herausgegeben von Elisabeth Prégardier und Anne Mohr, Plöger Verlag, Annweiler 1995.